잊혀진 가방

김상철 지음

잊혀진 가방

초판1쇄 발행 2011년 10월 10일
초판2쇄 발행 2011년 11월 30일

지은이 김상철
펴낸이 정종현
펴낸곳 도서출판 누가

등록번호 제20-342호
등록일자 2000. 8. 30.
주소 서울시 강서구 염창동 282-19 현대아이파크상가 B 102호
전화 (02)826-8802, 팩스 (02)826-8803
E - mail lukevision@hanmail.net

정가 13,000원
ISBN 978-89-92735-53-7

잊혀진 가방

김상철 지음

Contents

추천사

최철희 선교사
(WEC 국제선교회 전 한국본부장)

〈잊혀진 가방〉을 통해 듣는 메시지

지금처럼 항공을 통해 하룻길이면 지구 어디나 갈 수 있는 여행길, 오랜 기간 항해할 필요도 없고, 덜덜거리는 자갈밭을 갈 필요도 없는 여행길, 우리에겐 대리석 바닥이나 융단 위를 살살 끌고 갈 바퀴 두 개 달린 여행가방이면 충분하다. 우리의 삶이 너무나 편리해졌기 때문인지 모른다.

그러나 선교지로 떠나는 선교사들은 그렇지 않았다. 그분들의 가방의 무게가 그분들과는 사뭇 다른 것 같다. 선교지로 가기 위해 수많은 날들을 태평양을 건너고, 대서양을 건너야 했다. 한 번 가면 다시 돌아오기 쉽지 않은 여행길이었다. 해안에 내려 내륙으로 들어가려면 다시 밀림을 통과하여 수많은 날들을 세며 걸어야 했다.

벌레가 많아 철판으로 입힌 가방이라야 쓸모가 있었다.

영국 WEC 본부가 있는 불스트로드 지하창고에는 오래도록 정지된 시간 속에서 다시 돌아오지 않는 주인을 기다리고 있는 선교사들의 가방이 보관되어 있다. 이제는 사람들의 관심에서도 차츰 잊혀져 먼지가 쌓여가는 불스트로드의 가방, 그것이 이 책의 내용이며 우리에게 주는 소리 없는 메시지라고 하겠다.

영화 〈잊혀진 가방〉을 관람하면서 그 큰 무게를 얼마나 가슴 저리게 느꼈는가? 이제 책으로 다시 그 깊은 의미와 가치를 되새겨 볼 수 있게 되어 한없이 기쁘고도 감사하다. 영국 명문가에서 남부럽지 않게 자란 헬렌로즈비어 선교사는 여의사로서 콩고에서 사역하였으나 콩고 내전 때 반군에 의해 투옥되고 여자로서 당할 수 없는 폭행을 당했다. 그녀는 주님을 위한 그 어떤 큰 고통도 결코 그녀의 기쁨을 빼앗아 갈 수 없음을 고백하고 있다. 미스 스코틀랜드 출신의 아이사 아더, 얼마 전 그가 소천할 때까지 그는 몇 가닥 창틈으로 들어오는 햇빛에 의지하여 수동식 타이프를 두드리며 성경 번역을 쉬지 않았다. 포탄이 그녀의 지붕 위로 날아다닐 때도 그녀는 성경번역 작업을 계속했다. 그녀의 꼽추같이 구부러진 허리, 얼굴에 깊이 패인 주름살은 또 다른 그녀의 아름다움이 었다. 아직 사역이 끝나지 않은 캐나다 의사 필립&낸시 우드 부부, 그들은 캐나다 본부장 사역을 마치고 은퇴할 나이에 다시 아프리카로 들어 간다.

> "만일 예수 그리스도께서 하나님이시며 그가 나를 위해
> 죽으셨다면 그 분을 위한 나의 어떠한 희생도 결코 크다
> 고 할 수 없습니다."

WEC 선교회 창시자였던 C.T 스터드의 위와 같은 고백은 우리의 영혼을 흔들어 깨우기에 족한 큰 외침이라 여겨진다. "당신의 몸으로는 그 어느 곳에도 갈 수 없습니다." 의사들의 단호한 선언에도 불구하고 53세의 병든 몸으로 콩고를 향해 떠난 C.T 스터드와 그곳에서 순교한 여러 선교사들의 흔적을 찾아 목숨을 내걸고 아직 내전의 총성이 들리는 콩고를 위험한 강과 어두운 밀림속을 여행하면서 귀한 기록을 우리에게 전해 준 김상철 목사님과 제작진들에게 감사와 경의를 표한다.

그들이 어떠한 헌신으로 하나님의 사랑에 반응하고 살아가고 있는가? 일상의 안일함 속에 결코 묻어 둘 수 없었던 복음의 소중함을 그들은 어떻게 쏟아내고 있는가? 그리스도를 따르기 위해 치러야 할 대가를 그들은 얼마나 기쁘게 지불하고 있는가? 우리는 이 책을 읽어 내려가면

서 선명하게 외치는 살아있는 증언을 듣게 될 것이다.

예수 그리스도의 신실한 제자로서, WEC의 존경스러운 선배로서 이들의 고백적인 사역과 삶을 통해 WEC의 정신을 한국교회에 소개할 수 있어 기쁘기 그지없다. "지금 당신이 들고 있는 가방 속에는 무엇이 들어 있는가?" 당신이 여행하는 목적과 주께로부터 받은 사명이 분명 그 안에 들어 있는지 확인하는 소중한 계기가 되기를 바란다.

프롤로그

인생의 주인은 하나님이시다

몇 년 전 나는 매주 월요일 부산에서 강의를 하였다. 목회자를 대상으로 한 인터넷을 활용한 전도와 양육관련 강의였는데 대전에서 부산까지 왕복하는 일이 쉽지 않았지만 매우 열정적으로 지내던 시기였다. 늦은 밤 9시 30분에 강의를 마치고 대전으로 올라오면 도착 시각이 새벽 1시가 넘었다.

그런데 그 날은 다음 날 목포극동방송 주최로 아침 일찍 다른 강의가 예정되어 있었기에 대전에 와서 다시 목포로 가는 것이 부담이 되었다. 그래서 부산에서 바로 목포로 이동하기로 했다.

늦은 밤 목포로 가는 길에 섬진강 휴게소에서 잠시 눈을 붙이긴 했지만 가까운 거리가 아니었다. 하지만 그 여정은 내 삶에 있어서는 결코 잊을 수 없는 사건을 경험하게 하였다. 섬진강 휴게소를 지나 나주로 가다보면 하나의 다리를 만날 수 있다.

'남천교'. 그날 새벽, 길지 않는 이 다리를 지나는데 강 주변에는 물안개가 너무 예쁘게 피어 있었다. 지친 몸을 잠시 쉴 겸 차를 몰아 강둑 한 편으로 세우고 강변으로 내려갔다. 그리고 물안개를 바라보는데 문득 나의 마음에 이런 생각이 들어왔다.

'아! 내가 언제 다시 이곳으로 올 수 있을까?'

나는 이곳에 다시 올 수 없을 것이라 생각했다. 아니 정확히 표현하면 이 다리를 다시 지날 일이 없을 것임을 확신하고 있었다. 그때까지만 해도 전라남도 지역은 특별한 연고가 없었기 때문이었다. 남천고의 물안개는 나의 기억 속에서 잊혀 갔다.

그리고 4개월 후, 나는 기독교장로회 광주노회로부터 특강 요청을 받았다. 그런데 그곳에 갈 여유가 없었다. 일본 선교가 예정되어 있기도 했지만 대전에서 광주까지 이동하여 하루 종일 강의하는 것이 부담으로 다가왔기 때문이었다.

그러나 목회자의 사역을 돕는 일이라 거절할 명분은 없었다. 그래서 마음은 어려웠지만 허락을 했고 드디어 광주로 이동하는 날이 내일로 다가왔다. 그런데 갑자기 노회 담당자로부터 특별한 사정으로 인하여 장소가 광주에서 강진으로 바뀌었다는 연락이 왔다.

광주까지 가는 것도 마음의 부담이었는데 광주에서 다시 강진까지 가야 한다는 말은 겨우 남아 있던 작은 섬김의 마음도 흔들리게 하였다.

그러나 기도를 하면서 가기 싫은 길을 가지만 이번 노회 특강에 풍성한 은혜를 경험할 수 있도록 하나님께 간구했다. 그리고 이미 떠나간 길! 나는 광주를 거쳐 강진으로 향했다.

가는 내내 불편한 심기가 가시지 않았지만 이미 시작한 일이라 마음을 다져 잡고 있었다. 그런데 광주를 지나 강진으로 이동하면서 낯익은 길과 다리를 만나게 되었다. '남천교' 였다.

불과 몇 개월 전에 다시 이 길을 지나갈 일이 없을 것이라 생각했던 그 곳을 나는 지나고 있었다. 가기 싫은 길을 억지로 가면서 그 길을 지날 때 온 몸에는 소름이 돋고 있었다. 그리고 생각한 것은 '인생의 주인은 내가 아니다.' 라는 것이었다. 나는 지나갈 일이 없다고 했는데 하나님은 억지로 그 길을 가게 하시면서 내가 생각하는 것을 바꾸어 놓으셨다. 하루 앞을 내다보지 못하는 연약한 인간임을 스스로 절감하고 있었고 머릿속에는 그동안 준비하고 있었던 모든 일들에 대한 재점검의 필요함을 느꼈다. 대전에서 광주까지의 계획은 예정되어 있었지만 광주에서 강진까지의 이동은 불과 24시간 전만 하더라도 전혀 나의 계획에는 없었던 일이었다. 이렇듯 사람의 모든 일은 자신의 의지와 상관없이 진행될 수 있음을 아는 순간 떠오르는 말씀이 있었다.

하나님은 이르시되 어리석은 자여 오늘 밤에 네 영혼을 도로 찾으리니 그러면 네 준비한 것이 누구의 것이 되겠느냐 하셨으니   누가복음 12:20

그랬다. 나는 인생의 주인이 하나님이심을 그렇게 강하게 느끼고 있었다. 그리고 그 깨달음은 이후의 사역에 매우 중요한 결정이 있을 때마다 영향을 주었다.

우연한 만남 속에 듣게 된 잊혀진 가방

연구소가 사역을 하면서 항상 고민했던 것은 장기적인 비전을 세우는 것이었다. 그러던 중 물은 고여 있으면 썩는다는 단순한 진리에 따라 은혜는 흘려보내야 항상 새로운 에너지가 솟는다는 것을 알게 되었다. 그래서 마땅히 해야 할 일이었지만 보다 더 자연스럽게 "선교"라는 단어에 긴밀하게 움직이게 되었다. 그리고 시작은 일본이 되었고 함께 했던 청년들이 있었는데 그들의 열정은 누구 못지않게 뜨거웠다.

그러던 어느 날 연구소가 간접적으로 지원했던 일본 선교단체에 소속되어 있던 한 선교사님과 저녁식사를 하던 중 매우 호기심이 가는 이야기를 듣게 되었다. 영국 런던에서 기차로 30분정도 되는 거리에 있는 불스트로드(Bulstrode) 지역에 WEC라는 선교단체가 있는데 지하창고 에 선교사 훈련생들이 훈련을 받은 후 선교지로 떠나면서 남겨 둔 가방 이 남아 있다는 것이었다. 그런데 그 가방은 시간이 흘러도 주인들이 찾 지 않아 아직도 먼지를 머금은 채 주인을 기다리고 있다는 매우 감동적 인 이야기였다.

그때 나는 남겨진 가방의 주인들을 만나보고 싶었고 과연 그 가방에 무엇이 들어있는지 궁금했다. 그러던 2009년 5월, 연구소는 기독교 영 화를 제작하는 지저스 필름스라는 영상 선교기관에 제작비 일부를 지원 한 일이 있었다. 대전의 가수원 장로교회에서 차량을 지원해주었고 청 년들도 함께 동참해 주었는데 그 외에도 많은 분들이 무료로 헌신하거 나 작은 수고비를 받고 참여하는 아름다운 제작 과정이었다. 연구소의 변화가 필요한 시점이었기에 새로운 작품을 제작하는 일에 직접 동참한 다는 것은 매우 의미 있고 한국교회에 있어서도 고무적인 일이었다. 그 때 여러 인터뷰에서 매월 1편씩 제작한다는 원대한 포부를 알렸지만 지 금 생각해 보면 경솔했던 것 같다. 제작환경을 잘 모르고 했던 지극히 미숙한 선전포고였던 것이었다. 하지만 돌이켜 보면 그 일이 있었기에 지금도 영상을 제작하는 일이 지속될 수 있지 않았는가 생각이 든다.

촬영을 마친 후 수고하는 스텝들을 위하여 저녁식사를 대접하게 되었 는데 그 자리에서 권오중 집사와 함께 식사를 하게 되었다. 그때 영국 불스트로드(Bulstrode)의 지하창고 이야기를 했다. 권오중 집사 역시 작품에 무료로 참여하였는데 생각지도 않게 이번 기획에도 함께 동참하겠다는 의사를 밝혔다. 하지만 그때까지만 해도 이 이야기가 다큐멘터리로 제작되리라고는 전혀 생각하지 못했었다. 극장 개봉은 물론이다.

시간이 지나면서 이 일은 좀 더 구체적으로 준비되어 갔다. 가장 중요한 부분이었던 WEC 국제본부와 영국본부와의 접촉이 시작되었지만 다큐멘터리 제작이 처음인 관계로 연구소의 입장에서는 모든 것이 생소할 따름이었다. 그러다보니 정말 이 일이 가능할 것인지도 의심이 들 지경에 이르렀다. 그러나 하나님께서 어떤 일을 행하실 때는 사람을 통해서 하신다는 것을 알기에 권오중 집사의 참여는 어떤 의심도 극복하기에 충분했다. 그리고 곧 이어 가수 이현우 성도의 합류와 사랑의 교회의 후원은 이 작품을 제작할 수 있는 구체적 동기부여가 되었다. 지금도 생각해 보면 전적인 주님의 은혜임을 부인할 수 없다. 그들의 동참과 사랑의 교회 지원은 결코 쉬운 일이 아니었기 때문이다.

주님께서 하시는 일임을 확인하면서 한걸음 한걸음 진행하는 과정은 긴장의 연속이었다. 그때 WEC 영국본부로부터 연락이 왔다. 촬영이 불가능하다고 했다. 지금도 여전히 급박하게 돌아가고 있는 이슬람권을 향한 선교는 선교적 보안을 필요로 한다. 그래서 영국에서 온 답변은 선교단체의 노출로 인하여 어려움을 겪을 수 있다는 것과 가방이 지극히 개인 사유물이기에 우리의 촬영을 지원할 수 없다는 이유를 들고 있었다. 소유자가 확인하고 수락하지 않는 한 절대로 가방을 보여 줄 수 없다는 것이었다.

영국본부의 거절은 모든 것을 어렵게 했다. 함께 할 스텝들과 많은 계획들이 나름대로 준비되었지만 영국본부의 거절은 모든 것을 수포로 돌아가게 하였다. 그때 한국의 WEC 본부에서 도움을 주었는데 최철희 선교사와 유도영 선교사이다. 그 분들은 호주 애들레이드에 살고 있는 에반 데이비스를 만나볼 것을 권유했다.

그는 전 WEC 국제 총재를 지내신 분이었고 누구보다 WEC의 역사를 잘 아는 분이었다. ‘살아있는 예수님’이라고 불릴 정도의 명망이 있는 그를 만날 수 있다면 이 길이 열릴 수 있다는 말이었다. 우리는 간절한 마음으로 편지를 보내었다. 며칠 후 에반 데이비스로부터 연락이 왔는데 우리에게 시간을 내어 주겠다는 것이었다. 나중에 에반 데이비스는 나에게 이런 말을 했다.

“나는 매우 궁금했습니다. 이 일을 하게 된다면 영국에서 해야지 왜 한국에서 하는 것인지, 그것도 한국의 작은 도시의 대전에서, WEC와 전혀 상관없는 40대 나이의 젊은 목사가 왜 해야 하는지 알 수 없었습니다. 그러나 김 목사님의 기도를 듣고 주님이 함께 하신다는 것을 알게 되었습니다. 이제 무엇이든 말씀하시기 바랍니다. 제가 돕겠습니다. No Probram입니다.”

우리는 호주 애들레이드에서 촬영과 함께 협력을 확인 받은 후 귀국하는 길에 시드니에 잠시 머물렀는데 다음과 같은 편지를 에반 데이비스와 그의 아내에게 보냈다.

할렐루야!
주님의 이름으로 문안드립니다.
저는 당신과 당신의 아내 제니를 만나게 하신 하나님께

감사하고 있습니다.

당신은 좋은 친구입니다. 애들레이드에 오기까지 고민했었던 다큐멘터리의 가장 중요한 부분들을 하나님께서는 당신과 제니를 통해서 이루어 주셨습니다. 우리는 오늘 아침 애들레이드를 떠나 시드니에 도착했습니다. 이제 오늘이 지나면 한국으로 돌아갑니다. 우리들이 경험한 호주일정은 함께하는 팀원들에게 감동을 주리라 믿습니다. 그러나 무엇보다 아직까지 넘어야 할 과정들이 남아 있기에 저희들은 기도하면서 달려갈 것입니다. 일단 돌아가서 가장 먼저 당신이 우리에게 주었던 자료들을 스캔하고 정리할 것입니다. 그리고 헬렌 로즈비어와 콩고를 정기적으로 방문하는 필립과 낸시에게 연락할 것입니다. 저희 팀은 이번 다큐멘터리에 출연하는 두 명의 배우들의 스케줄을 고려하지 않을 수 없습니다. 그리고 이들 역시 성령님의 인도하심으로 기꺼이 이 다큐에 출연할 의사를 밝혔음을 알고 있습니다. 그들의 출연은 교회를 방문해 본 경험이 없고 아직도 예수님을 알지 못하는 이들에게 에반과 제니가 인터뷰했던 내용 중의 일부인 회심부분과 예수님을 증거 하는 메시지를 듣도록 도움을 줄 것입니다. 그리고 우리의 놀라운 힘. 기도의 능력에 대하여 듣게 하는 데도 도움을 줄 것입니다. 어쩌면 하나님의 계획하심은 그들을 통하여 젊음과 배움과 즐거움을 던지고 오직 헌신의 삶을 살았던 선교사님들의 이야기들을 볼 수 있도록 일종의 역할을 주시지 않았는가 생각해 보기도 합니다.

그래서 10월 28일 영국으로 출국하기 위하여 기도하고 있습니다. 그들은 한국의 유명한 배우들이라 시간을 내기가 쉽지 않습니다. 따라서 그들이 기도했었던 10월 28일부터 1주일 동안 헬렌 로즈비어의 인터뷰가 성사되기를 우리 역시 기도하고 있습니다. 당신들의 기도를 부탁합니다. 저는 조금 전 이 편지 쓰는 것을 중지하고 당신의 아버지인 아이버 데이비스의 메시지를 들었습니다. 세상은 너무 좋아졌습니다. 이미 천국에 있는 아이버 데이비스의 메시지를 DVD를 통하여 듣게 되는 것이 얼마나 복인지 오늘 아침에도 알 수 있었고 전체적인 이해를 아직 통역의 도움을 받지 않아 알 수 없으나 그의 눈빛과 숨소리를 통해서 살아서 역사하시는 주님의 사랑과 한 사람의 인생을 느낄 수 있었습니다.

사랑하고 존경하는 에반, 그리고 제니!

당신들의 건강을 위해서 기도하겠습니다. 그리고 이후에도 펼쳐질 주님의 위대한 그림을 그려나갈 당신들에게 남아 있을 사역을 위하여 기도하겠습니다. 하나님의 은혜가운데 저와 아내와 아이들, 이 사역을 위해서 헌신하는 소영 자매와 함께 이곳을 다시 찾게 되기를 항상 기대하면서 이 편지를 마칩니다. 샬롬!

이렇게 시작된 〈잊혀진 가방〉은 영국의 런던과 북아일랜드, 호주 애들레이드, 남아프리카 공화국, 우간다, 콩고의 버니아, 네보봉고, 이밤비, 왐바와 정글, 세네갈과 감비아, 기니비사우를 거치는 대장정을 할 수 있었다.

그리고 21세기 초기 선교사들의 순종과 충성, 희생에 대하여 말할 수 있게 되었다. 나는 이 작품을 제작하면서 내가 왜 이런 일을 하게 되었는지 설명할 수 없었다. 강한 이끌림에 끌려 왔다는 말만 할 수 있었는데, 이는 권오중 집사와 이현우 성도도 동일했다.

권오중과 이현우, 에반 데이비스, 헬렌 로즈비어, 아이사 아더, 필립과 낸시 우드, 이인웅과 이순환. 모두가 무엇 때문에 이 작품에 참여했는지 아직도 모를 수 있다. 하지만 주님께서 무슨 말씀을 하고 싶어 하신다는 것만은 모두가 알고 있었다.

다큐멘터리 편집이 끝날 무렵에 확실히 알게 되었지만 이 모든 일은 우리의 의지 밖에서 이루어진 일이었다. 나는 영어를 잘하지 못한다. 물론 이 작품을 하면서 만난 선교사들과 현지인들의 언어인 불어, 독일어, 스와힐리어 모두를 알지 못하지만 다 알아들을 수 있었다. 나를 도와준 사람들이 있었기 때문이었다.

불과 2년 전만 해도 아프리카를 다니며 촬영하게 될 줄 몰랐던 우리 모든 스텝들은 오늘 이야기한다. "인생의 주인은 하나님 이시다." 그렇다. 우리는 인생의 주인이신 하나님께서 말씀하시고자 하는 일에 쓰임 받는 도구들이 되었다.

이 작품을 통하여 감동받은 사람들이 한결 같이 하는 말이 있다. "나의 잊혀진 가방, 사명을 찾기 시작했습니다.", "나의 가방에 무엇이 들어 있는지 확인해 보겠습니다.", "제가 무엇을 하고 있는지 알게 되었습니다." 등이다.

부족한 자가 주님의 은혜가운데 만든 이 작품이 앞으로 어떤 영향력을 줄지 알 수 없다. 그러나 분명한 것은 세월이 흘러도 다큐멘터리에 남아 있는 선교사들의 헌신적인 삶과 그들의 충성은 많은 이들에게 역할 모델이 될 것이고 다시 한 번 주님의 일군으로 불러들일 것이다.

총 4부로 나누어지는 영화 〈잊혀진 가방〉의 특징은 2가지이다. 한 지역에서 최소 20년 이상 사역한 선교사의 삶을 다룬 것이다. 그리고 초창기 선교사들의 삶을 다루었다. 우리가 흔히 말하는 초대교회로 돌아가자는 메시지처럼 20세기 초기 선교사들이 어떤 마음으로 사역을 했는지 알게 될 것이다.

그동안 촬영을 하고 극장 개봉 때문에 분주하게 지내면서 정리한 글이라 주님이 주신 감동과 선교사들과의 만남을 통하여 깨달은 마음을 잘 전달할 수 있을지 자신이 없다. 부족한 점이 많이 있겠지만, 이 책이 독자 여러분들에게 진정으로 내가 해야 할 사명이 무엇인지 돌아보는 조그마한 계기가 되기를 바라는 마음이 간절하다. 그리고 기도하는 마음으로 간구할 것이다.

이 작품을 위하여 수고해 주신 많은 분들이 있다. 특별히 사랑의 교회 오정현 목사님과 세계선교부 유승관 목사님, 한정훈 목사님, WEC 국제

본부, 영국본부, 한국본부에 감사한 마음이 가득하다. 또한 홍현정, 김희재 자매와 김대학 전도사, 이소영과 이지현 자매, 고영희 자매, 십자가의 전달자를 작곡하신 전영훈 목사님, 그리고 정미현 자매와 방선주 자매, 아직도 저를 믿고 후원해준 많은 믿음의 동역자들, 연구소 가족들에게 감사한 마음이다. 일일이 언급하지 못하지만 감사한 분들이 너무 많다. 그리고 믿음으로 부족한 사람을 믿고 함께 동행해준 권오중 집사님과 이현우 성도, 〈잊혀진가방〉을 제작하는 도중에 천국으로 가신 아버님과 암으로 투병 중이신 어머님, 언제나 기도해 주시는 장모님, 사랑하는 아내와 나영, 가영, 두일이 그리고 동생들에게 사랑의 마음을 전한다. 아직 갚지 못한 마음의 빚과 물질의 빚이 있다. 이 모든 것을 주님의 사랑으로 반드시 갚을 것임을 이 시간 고백하면서 기도한다.

1장
잊혀진 가방을 찾아가는 여정

주께서 계획하신 만남들

70세가 넘어서고 큰 키에 선글라스가 어울려 보이지는 않았지만 에반 데이비스(Evan Davies)에게서는 온 몸으로 선교사로서의 체질화된 섬김의 모습이 느껴졌다. 그리고 1년이 지나지 않아 그와 만난 것은 잊지 못할 추억이 되었다. 불과 몇 개월 전만 해도 전혀 연고가 없었음에도 불구하고 호주 애들레이드에서 만난 것이었다. 그는 매우 친절했고 온유했다. 나중에 콩고 버니아에서 사역하는 필립과 낸시 우드가 이야기해 주었는데 에반 데이비스는 선교지에 나가 있는 선교사들이 외롭고 힘들어 할 때 그 어디를 막론하고 그곳까지 가서 위로하였다고 했다. 콩고와 같은 위험지역도 예외는 아니었다.

에반 데이비스는 콩고에서 태어났다. 나중에 그가 태어난 콩고의 왐바라는 지역에 갔을 때 아직도 많은 이들이 에반을 기억하고 있었다. 아버지 아이버 데이비스와 어머니 로즈 데이비스는 1932년에 WEC 국제 선교회에 합류했다. 어머니는 영국 출신이고 그의 아버지는 웨일즈 출신이었다. WEC의 창시자인 C.T 스터드가 죽은 후 WEC에 세워진 믿음의 목표는 그를 대신할 10명의 사역자를 찾아야 했고 하나님께서는 그들에게 이 모든 것이 가능하도록 하셨다. 그들은 C.T 스터드의 죽음 후 일 년 내에 사역지로 나가야 했다.

에반 데이비스의 어머니는 그 역사적인 10인 중 9번째였고 아버지는 10번째셨다. 그들은 1932년부터 1945년까지 그리고 1947년에서 1954년까지 콩고에서 선교사로 사역했다. 그들이 주로 사역했던 곳은 오피엔지로 불리던 곳이었다. 그곳은 정령을 숭배하고 식인습관이 이어지던 중심지였다. 그럼에도 그곳은 그들이 떠날 때에 많은 사람들이 그리스도인들이 되었고 지역에 50여 개의 교회들이 존재할 수 있게 되었다. 또한 그들이 콩고를 떠나기 전 1953-1954년까지 놀라운 부흥을 경험할 수 있었다. 이것은 1960-1964년까지 발생한 심각한 핍박의 시간에 대한 하나님의 예비하심이었다. 아이버 데이비스와 로즈 데이비스는 뉴질랜드에서 1958년에서 1976년까지 WEC 책임자로 사역하셨다. 그리고 1986년, 1991년에 주님의 부르심을 받았다. 자녀들 5명 중 3명이 WEC의 선교사로 부름을 받았는데 그 중의 한 명이 에반 데이비스이다.

WEC 국제선교회(Worldwide Evangelization for Christ)는 C.T Studd에 의해 창립되었다. 영국의 한 유복한 집안에서 태어난 그는 크리켓 선수로 명성을 날리던 대학 시절, 선교의 소명을 받고 캠브리지 7인의 한 사람으로 중국으로 건너가, 후에 허드슨 테일러와 함께 중국 복음화를 위해 일했다. 53세가 되던 1913년, 하나님의 부르심에 순종하여 아프리카 심장부에 복음을 전하기 위해 벨기에령 콩고(옛 자이레 공화국)에 '아프리카 심장 선교회(The Heart of Africa Mission)'를 설립하였고, 이것이 'WEC 국제선교회(1918)의 전신'이 되었다. 평범한 한 사람의 비전으로부터 시작한 WEC 국제선교회는 복음주의적 국제 선교 단체가 되어 현재 50개국에서 모인 2,000여 명의 선교사가 80여 개국에서 사역하고 있다.

나는 에반 데이비스를 만난 이후 줄곧 궁금한 것이 있었다. 그것은 1964년 11월 콩고에서 있었던 반군들에 의한 선교사 순교 사건과 영국 WEC 본부 지하창고에 남아 있는 선교사들의 가방의 존재 이유였다. 호주에 오기 전 자료조사를 통하여 어느 정도 순교자들에 대한 정보는 있었다. 하지만 그들이 구체적으로 어떤 모습과 마음으로 순교를 했는지에 대해서는 알 수 없었다. 또한 왜 선교사들이 자신의 가방을 여기에 두고 갔으며 아직도 찾아가지 않은 이유가 무엇인지 궁금했다.

순교를 했을까? 만약 가방의 주인공들이 순교를 했다면 다큐멘터리에는 이러한 사실이 더욱 감동적으로 다가올 수 있을 것이라는 생각이 머릿속을 떠나지 않았다.

에반 데이비스는 우리가 원하고 있는 질문에 대한 답을 주기 위해 많은 노력을 해 주었다.

그는 인터뷰를 통해서 선교사들의 삶을 이야기해 주었고 특별히 지하창고의 가방에 대한 의미도 설명해 주었다. 그 의미는 우리가 생각하는 특별한 의미보다는 그냥 일상적인 삶의 과정에서 잠시 남겨둔 가방에 지나지 않는다는 말이었다. 물론 그렇지 않고 사연이 담긴 가방이 있을 수도 있겠지만 WEC으로서는 이 가방들을 볼 수 있도록 허락할 수 없다는 것을 반복해서 설명해 주었다. 서양인들의 정서적인 이유를 충분히 이해할 수 있었다. 하지만 이러한 상황을 설명하는 에반 역시 우리가 WEC 지하창고에 있는 선교사들의 가방을 볼 수 없는 것에 대하여 안타까워하고 있었다. 그는 최선을 다해서 본부에 연락을 했었음을 우리는 이미 알고 있었다. "오셔도 촬영을 할 수 없습니다."라는 본부 위원회의 결정은 그때까지만 해도 전혀 번복되지 않았다.

하지만 우리의 집요한 관심은 놀라운 결과를 만들어 내고 있었다. 이 틀간의 인터뷰를 마친 후 에반은 식당에서 우리에게 이런 말을 하였다.

"김 목사님, 혹시 도움이 될지 모르지만 영국의 지하창고에 있었던 아버지(아이버 데이비스)의 가방이 현재 우리 집에 있습니다. 이 가방은 아버지가 콩고에서 사역을 할 때 가지고 간 가방이었고 이후에 제가 사용하기도 했던 가방입니다. 하지만 이 가방은 당신이 생각하고 있는 일반적인 여행용 가방이 아니라 철제 케이스로 되어 있습니다. 당시의 아프리카에서는 벌레와 더위로부터 안전하게 보관하기 위한 철제 케이스를 대부분의 선교사들이 사용했었습니다."

나는 이 말을 듣고 몹시 흥분했다. 어쩌면 영국 불스트로드(Bulstrode)에서 보지 못하는 가방을 이곳에서 볼 수 있고 나름 해결책을 찾을 수 있을 것이라는 기대감 때문이었다. 그 즉시 우리는 애들레이드의 도심에서 2시간 남짓 걸리는 에반 데이비스의 시골집으로 향했다. 에반 데이비스는 집이 없다. 오랜 선교사 생활을 통하여 자신들의 노후는 준비하지 못했던 것이다. 그래서 현재 머무는 집은 아내 제니 데이비스의 동생이 거주하던 집이었는데 그곳에서 부부가 노후를 보내고 있었다. 그

가방이 있던 창고. 우리가 갔을 때 이 곳에 아이버 데이비스의 가방이 있었다

의 집으로 가는 길은 아름다운 유채꽃이 만발해 있었고 넓은 초원위의 광대한 평지가 너무 아름다웠다. 이동하는 동안 양고기 햄버그를 잘못 소화해 몸에 부담이 와 있었지만 기대감은 이 모든 상황을 극복하게 했다.

도착한 에반의 집에 잠시 머무는 동안 에반은 창고에서 가방을 들고 와서 우리가 서 있던 현관 앞에 두었다. 나는 놀라움을 감출 수 없었다. 오랜 세월을 거쳐 아프리카의 정글 한가운데서 호흡하고 있었던 선교사의 가방. 그들의 땀과 믿음의 흔적이 담겨져 있던 물건이 나의 눈앞에 있는 것이었고 철제로 되어 있어서 인지 더욱 감동적으로 다가왔다. 그러나 바로 에반에게 요청했다.

아이버 데이비스의 가방

"에반 선교사님, 이 가방이 있었던 곳이 어디죠? 저는 이 가방을 이곳이 아닌 원래의 장소에서 보겠습니다. 다시 그곳으로 이 가방을 가져다 놓아 주시겠습니까?"

에반은 나의 말을 듣고 바로 행동으로 옮겼다. 허름한 창고에 있었던 1931년도의 선교사 가방은 이렇게 세상에 드러내게 되었다.

나는 이 케이스를 보는 순간 무엇을 해야 하는지 알 수 있었다. 이제 아이버 데이비스가 사역을 했던 콩고 오피엔지를 가야 했고 그 나라에 있는 순교자들의 흔적을 찾아야 한다는 것이었다. 따라서 인터뷰는 자연스럽게 콩고에 초점이 맞추어졌다.

에반 데이비스와의 만남. 그는 주님께서 보내주신 또 한 명의 스텝이
었다. 그가 아니었으면 도저히 엄두도 내지 못할 일들이 우리의 눈앞에
펼쳐졌기 때문이다.

에반은 우리에게 콩고 사역에 대한 구체적인 간증을 해 주었다. 그리
고 그곳에 남아 있는 선교사들의 흔적을 자신이 기억하는 범위 내에서
매우 성실하게 답변을 했는데 우리가 만나야 될 사람까지 자신이 직접
연결해 주었다.

우리가 만나야 할 사람들과 가야 할 곳…. 헬렌 로즈비어와 필립과 낸

에반의 집앞에서 에반 데이비스와 함께

시 우드, 그리고 할 수만 있다면 오피엔지와 왐바를 방문하는 일이었다. 하지만 콩고의 오피엔지는 지금의 상황으로도 동일하지만 도저히 갈 수 없는 곳이 되어버렸다. 그곳을 향하는 모든 길들은 끊어져 있고 비행기로도 갈 수 없는 곳이 되어 있었다. 특별히 이곳은 금과 다이아몬드 등 자원이 풍부하여 정부군과 반군의 긴장이 항상 있었고 현재는 반군이 장악하고 있었다. 왐바 역시 당시에 군인들의 위협과 끊어진 길, 정글을 통과해야 하는 과정 때문에 권장하지는 않았다. 하지만 나는 주님께서 함께 하시면 그 여정은 반드시 경험할 수 있을 것이라고 믿고 있었다.

드디어 에반은 우리를 위하여 헬렌 로즈비어와 필립, 낸시 우드에게 편지를 보내었다. 그리고 나를 껴안으면서 형제라고 불렀다. 주님께서 이 여정에 동행할 것임을 말하고 기도해 주었다.

이렇게 시작된 〈잊혀진 가방〉은 한국으로 돌아오는 내내 머릿속을 떠나지 않았다. 나의 한계를 넘어서는 일들이 시작되었고 주님께서 구체적으로 하나씩 보여주시기 시작했다.

한국으로 돌아와 권오중 집사와 이현우 성도에게 에반 데이비스와의 만남을 설명했다. 이야기를 하는 나와 듣고 있는 우리 모두에게 사진 속의 가방이 뇌리에서 좀처럼 떠나질 않았다. 모두가 그 가방을 직접 보고 싶어했고, 가방에 쓰여 있던 '아이버 데이비스' 라는 이름의 선교사 흔적을 보고 싶어 했다.

2009년 10월 29일 우리는 영국으로 출발했다. 이미 지하창고를 볼 수 없을 것이라는 말을 들었지만 혹시나 하는 기대감을 가지고 있었다. 만약 볼 수 없다 하더라도 에반 데이비스를 통하여 소개받은 헬렌 로즈

영국으로 출발하기 위하여 인천공항에서 기다릴 때

비어 선교사가 우리가 궁금해 하는 것을 말해 줄 것이고 그녀를 통하여 콩고에 갈 수 있을 것이기에 약간의 여유는 있었다. 하지만 역설적으로 우리의 여정은 긴장감과 기대감이 팽배해 있었다. 지하창고를 볼 수 있는 허락을 아직 받지 못했다는 것과 우리가 반드시 가야 할 지역인 콩고가 몇 개월 전에 가기로 했던 선교 팀이 위험 때문에 포기했다는 이야기를 들었기 때문이다. 하지만 이미 시작된 일은 제한받지 않았다. 주님이 하실 것이라는 확신이 너무나도 컸고 그 확신은 믿음으로 이미 자리 잡았기 때문이다.

갑자기 커져버린 계획은 극장 개봉을 염두에 두는 다큐멘터리로 바뀌면서 여정의 가운데 선 두 사람, 권오중 집사와 이현우 성도는 많은 기도가 필요함을 느끼고 있었다. 거역할 수 없는 이끌림은 주님의 손짓임을 느끼고 있었기에 참여하는 두 사람 뿐만 아니라 스텝들 모두의 마음에 기도가 필요함은 당연한 것이었다.

영국 불스트로드(Bulstrode)로 향하다

우리는 누구나 자신만의 가방을 가지고 있다. 그리고 그 가방은 우리의 삶과 함께 항상 동행한다. 가방 속에 담겨진 각각의 물건들… 그것을 통해 각자의 목표와 꿈을 이뤄나가고 있다. 그러므로 가방이야말로 우리 '삶의 목적' 이라고 말할 수 있지 않을까?

그렇다면 지하창고에 남겨진 가방 속에도 분명히 선교사들의 삶과 연관이 있는 물건들이 들어 있을 것이라 생각했다. 하나님께 자신을 드리고자 그곳에 모였던 사람들! 그들에게도 삶의 목표와 꿈이 분명히 있었을 것이기에 가방의 물건들을 보는 것은 매우 중요했다. 볼 수만 있다면 우리가 가지고 있는 인생이라는 가방 속에 담긴 물건과 비교할 수 있기에 가방을 열어보는 것은 〈잊혀진 가방〉을 제작하는 우리 모두의 바람이 되어 있었다.

콩고로 떠났던 아이버 데이비스가 가지고 있었던 가방.

호주에서 보았지만 그때는 내용물이 없었다.

콩고에서 사역을 마친 후 아이버 데이비스는 자신의 가방을 불스트로드(Bulstrode)에 남겨두었다. 그때 그 가방에는 무엇이 담겨져 있었던 것일까?

그리고 선교사로서 콩고로 갈 때 아이버 데이비스는 이 가방에 제일 처음 무엇을 담아두었을까? 궁금했다. 하지만 이 모든 질문을 에반 데이비스에게는 하지 못했다. 어쩌면 그 대답을 아이버 데이비스에게 들어야 하는 것이 옳다는 생각을 했기 때문이었다. 하지만 이미 그는 천국에 가 있으니 도저히 알 수 없었다. 하지만 콩고에 남겨진 믿음의 유산들을 보면서 아이버 데이비스의 목소리를 들을 수 있을 것임은 분명했다. 그래서 나는 어느 순간부터인가 내 가방 안에 아이버 데이비스의 가방 사진을 넣어두고 다니기 시작했다. 그리고 결국 권오중 집사, 이현우 성도와 함께 영국 여행길에 오르게 되었다.

불스트로드(Bulstrode)에 남아 있는 선교사들의 가방을 직접 찾아보고 만약 어려우면 콩고로 직접 가기 위해서였다.

우리가 보기 원하는 가방은 선교사들이 떠날 때 남겨둔 가방이었지만 호주에서 보았던 가방은 선교사가 현지에서 사용했었던 가방이었다. 두 가지의 특징이 있는 가방을 보기 위하여 떠나는 우리의 발걸음은 무겁지만 결코 감당하지 못할 무거움은 아니었다.

영국 히드로 공항에서 내려 런던의 민박집에 우리의 거처가 정해졌다. 옆에는 건물을 리모델링 하고 있었고 우리가 머물 예정인 숙소는 지하였다. 그곳은 매우 허름한 장소였던 터라, 지금 생각해 보아도 두 배우에게 불편함을 주었던 것이 마음을 어렵게 하고 있다. 하지만 주님께서는 그들이 감수한 어려움과 헌신을 반드시 기억하시리라 믿고 있다. 그들이 받을 상급이 하늘에 예비되어 있을 것이다.

영국 불스트로드(Bulstrode)로 향하는 기차 안에서의 권오중 집사와 이현우 성도

　우리 모두는 장시간의 비행에 지쳐 있었지만 내일 있을 일정 때문에 한가롭게 안식을 취할 수는 없었다. 다음날 아침 우리는 곧 기차 여행길에 올랐다. 불스트로드(Bulstrode)행 기차에 탑승한 우리는 약속되지 않는 그곳에 간다는 것과 그저 사진 한 장만 달랑 들고 시작한 여행길이라 편하지는 않았다.

　하지만 나는 이번 일에 대해 하나님의 일하심과 예비하심을 믿음으로 기대하고 있었다. 애들레이드에서 가져온 한 장의 가방 사진이 이 모든 만남을 이끌어갈 것이기 때문이다.

　얼마 전까지만 해도 이렇게 서로 함께 할 수 있을 거라 생각지도 못했던 인연들이었다. 또 이렇게 영국으로 여행을 떠나게 될 것이라고 우리 중 그 누구도 생각지 못했던 일이었다. 그런데 하나님께서는 우리 한 사람 한 사람을 이번 일에 부르셨다. 이 사실만 해도, 나는 사진 한 장을 들고 시작하는 이번 여정에 하나님의 계획하심과 놀라우신 뜻이 있을 것이라 믿었다.

기차로 불스트로드(Bulstrode)를 향하는 동안, 권오중 집사와 이현우 성도가 나눈 대화 중에 기억에 남아 있는 것이 있다. 그들의 대화 내용은 흥미로웠고 유쾌한 웃음을 유발하기도 했다. 두 사람은 갑자기 기차 안에서 하나님의 부르심에 대한 대화를 나누기 시작하였다. 실상 다큐멘터리라고 하지만 어떻게 할 것인가에 대한 방향을 정해놓고 시작한 것이 아니었기에 두 사람도 자연스럽게 해야 한다는 것을 알고 있었다.

이현우 성도가 먼저 입을 열었다.

"가방을 안 찾아 갔을 정도면, 벌써 이 세상 사람이 아닌 거 같은데."

"그럴 수 있죠. 만약에 그분이 안 계시면 가족들을 찾아서 직접적인 이야기를 들을 수 있지 않을까요?"

"너, 그렇게 시간이 많아?"

이현우 성도의 진지한 질문에 권오중 집사는 웃고 말았다. 옆에 있던 스텝들도 그들의 대화에 웃음을 보이며 흥미를 보였다.

권오중 집사는 계속 말을 이었다.

"형이 만약에 자는데 음성이 들렸어요. 하나님께서 현우야, 떠나라. 거기서 복음을 전파하라. 그러면 가족들 다 데리고 떠날 수 있어요? 지금 막 태어난 아기까지 데리고?"

"음, 목소리가 들린다면 난 갈 수 있지."

"아기를 데리고?"

"근데 별로 나한테 그렇게 말씀하실 생각이 없으실 거 같아."

이현우 성도는 웃음으로 가볍게 넘겼다. 그러나 권오중 집사는 거기서 물러나지 않았다.

"모르죠. 그건 형 생각이고. 만약에 목소리를 들으면 지금 막 태어난 아기를 데리고 갈 수 있어요?"

"뭐, 콩고는 좀…. 어떻게 유럽 쪽이 좀 나은 거 같은데."

"말씀이 콩고로 가라 그러면?"

"수도는 좀 괜찮지 않을까? 그래도 에어컨도 나오고…."

당혹스런 질문…. 이현우 성도의 답변은 결국 권오중 집사의 웃음을 자아냈으나, 실은 이와 같은 질문이 우리에게 주어진다면 기꺼이 답변할 수 있는 이는 아마도 아무도 없을 것이다. 그와 같은 하나님의 부르심은, 실로 우리로 하여금 삶 가운데 누리고 있던 수많은 것들을 내려놓게 하기 때문이다.

역에서 내린 우리는 모두 걸었다. 택시를 타고 이동할 수 있었지만 권오중 집사와 이현우 성도가 촬영을 위해 앞에서 먼저 걸어갔다. 우리는 카메라를 뒤로 하고 그들의 모습을 자연스럽게 화면에 담기 위하여 노력했다. 그때 나는 스탭들에게 이런 말을 했다. 어쩌면 미안해서 그런 말을 했던 것 같다. "저 두 분이 왜 여기에 와서 저렇게 걸어가고 있는지 저는 모르겠습니다." 사실 그랬다. 두 분은 나름 한국에서 바쁜 시간들을 보내는 연예인들이었다. 특히 권오중 집사는 일일 드라마에 주연급으로 캐스팅되어 활동하고 있었고 이현우 성도 역시 매일 라디오 생방송이 있었다. 그들이 그 모든 것을 뒤로하고 이곳까지 왔기 때문이다. 나중에 들은 이야기이지만 이때 두 분도 걸어가면서 자신들이 어떻게 하다가 여기까지 오게 되었는지 몰라 서로에게 질문했다고 한다.

하나님의 섭리였다. 우리 모두에게 무엇인가 말씀하고자 하시는 것이 있으셨기 때문이라는 것을 제외하고는 그 어떤 것으로도 설명이 불가능한 일이 일어난 것이었다.

걸어서 불스트로드(Bulstrode)에 도착하기까지는 약 40여 분이 걸렸다. 기차역에서부터 우리를 안내해준 조평세 형제는 선교사의 아들이었다. 부모님은 의사였는데 현재는 일본에서 선교사역을 하고 있는 분들이다. 평세 형제는 두 번째 작품을 하는 동안 인도 여정도 동행해 준 신실한 형제였다. 재미있었던 것은 평세 형제는 역에서 내린 후 지도를 보면서 불스트로드(Bulstrode)의 WEC 본부까지 가는 시간이 약 10분이면 된다고 했는데 그 10분은 우리의 생각보다 길었다. 자신이 움직일 때의 거리를 계산한 것이었기에 우리의 걸음으로는 가도 가도 끝없는 길에 모두는 농담 삼아 형제를 놀리기도 하였다. 하지만 오히려 그러한 행동이 자칫 지쳐가는 시간들을 재미있게 보낼 수 있도록 해 주었다. 그는 특별한 형제였다. 초등학교 때 리빙스턴의 전기를 읽고 아프리카로 가서 많은 사람들에게 복음을 전하고 도와주어야겠다는 생각을 했는데 문제는 아프리카로 당장 보내 달라고 했던 것이다. 그때 그의 부모님은 아프리카는 도저히 안 될 것 같아 인도의 상황도 고려할 가치가 있다면서 "시티오브조이"라는 영화를 보여주었다고 했다. 지금 생각해 보면 그 부모에 그 자녀인 것 같다. 영화를 통해서 인도를 알게 된 평세 형제는 초등학교 5학년 때 혼자 인도 겔거타로 가게 되었다. 6년 가까이 그곳에 어린 나이로 머물면서 많은 경험을 했는데 그 이유는 그의 비전이 선교사였기 때문이었다. 이 모든 과정이 선교사로서의 삶을 살아가기 위한 학습이라고 생각하였고 가능하면 위험지역에서 자신이 해야 할 일을 발견하고 있었기에 남들이 기피하는 곳을 가기 위한 준비를 충실히 하고 있었다. 이후에 그는 영국에서 전쟁학을 전공하였다. 졸업과 동시에 영주권을 포기하고 레바논으로 파병되었다. 그는 어떻게 보면 상당히 보

영국 불스트로드(Bulstrode)에 있는 WEC 영국본부로 들어가는 두 사람

수적인 시각을 가지고 있었다. 어릴 때부터 해외에서 살았던 관계로 한국에 대한 정서적인 충돌이 있었다고 했다. 한번은 한국의 걸 그룹에 대한 이야기를 나에게 한 적이 있었다. "저는 왜 한국의 어른들이 어린 아이들이 짧은 옷을 입고 나와 춤을 추며 노래하는 것에 열광하는지 이유를 모르겠습니다. 그들을 통해서 즐거움을 느끼고 있다면 이것은 분명히 어른으로서의 옳지 못한 현상들인 것 같습니다." 어떻게 보면 지나칠 수 있는 일이었지만 그는 다르게 보고 있었다. 많은 생각이 필요했다. 동시에 그의 한 마디에 마음이 무거워져 가는 것을 피할 수 없었다.

잠시 후, 불스트로드(Bulstrode)에 도착하여 우리 모두는 낙엽 길을 걷게 되었다. '불스트로드 웨이(Bulstrode Way)'라고 적힌 팻말을 지나면서 간혹 사진을 찍기도 하며 길을 걸었다. 이 길의 끝에 있었던 거대한 성의 선교본부는 매우 아름다웠다. 그때 생각난 것은 에반 데이비스의 말이었다. 에반은 영국본부에서 지하창고의 촬영을 거부한 것은 어쩌면 주님의 메시지가 있을 수 있다는 것이었다. 선교단체가 외적으로 화려해 보이면 왜곡될 수 있는 여지도 있지 않을까 하는 생각이 들었다는 것이었다.

이현우 성도는 낙엽이 진 계단에 앉아 연신 아름답다는 말을 이어갔다. 그리고는 어쩌면 이곳이 선교사들이 처절한 선교의 현장에 가기 전에 마지막으로 누리는 럭셔리한 것이 아닐까 라고 표현하였다. 그랬다. 영국본부에는 많은 선교사들이 잠시 머물기도 하고 떠나기도 한다. 선교사 지망생부터 시작하여 현장에 있는 분들도 안식년을 맞이하여 잠시 들리곤 한다.

영국 불스트로드(Bulstrode)에 있는 WEC 영국본부 내에 있는 낙엽 길

오래된 나무들이 붉게 노을지듯 온통 단풍져서 반듯하게 서 있는 모습이 인상적이었다. 낙엽이 깔린 길을 밟으며 지날 때마다 부스럭거리는 소리가 들릴 때는 운치도 있었다.

그러나 가방을 보기 위해 이곳까지 찾아 온 우리의 마음은 아름답지만 무거움이 갑자기 찾아오기도 했다. 아름다운 이 길을 걷고 있지만 우리의 목적이었던 지하창고를 보는 일은 허락되지 않았기 때문이었다.

그럼에도 불구하고 우리는 혹시 볼 수 있다는 기대를 버릴 수 없었고, 여기까지 오게 되었다. 우리의 예상은 크게 벗어나지 않았다. 거절되었다. 왜 그럴까, 이렇게까지 왔는데 왜 굳이 불가능하다고 하는 것일까?

그렇다면 과거에는 왜 보여주었는가? 여러 질문들이 복합적으로 떠올랐지만 거기까지였다.

권오중 집사와 이현우 성도 역시 어느 정도는 알고 있었지만 이번 여행의 이유가 되었던 가방을 보게 되는 일이 실제로 눈앞에서 가로막히니 실망이 되지 않을 수가 없었다. 두 사람은 실망어린 마음으로 불스트로드(Bulstrode) 계단 앞에서 잠시 주저앉고 말았다. 불스트로드(Bulstrode)를 금방 떠나지 못하고 계단 위에서 잠시 머물렀던 건, 아쉬움이 많이 남았기 때문이었을 것이다.

영국 불스트로드(Bulstrode)에 있는 WEC 영국본부 내에서 돌아가는 두 사람

순간적이었지만 '이대로 우리의 여정은 아무런 의미 없이 끝이 나버리게 되지 않을까! 분명, 하나님의 계획하심이 있을 것이라 기대했던 내 마음은 정말 의미 없는 것이었던 걸까!' 마음이 복잡해졌다.

이 상황에 대하여 권오중 집사는 인터뷰에서 그때의 심중을 밝혔다.

"아, 정말 괴로웠습니다. 저는 또 형님까지 데리고 왔는데…. 형, 가면 가방이 있어. 그것을 보면 굉장히 은혜로울 거야. 뭔가 느껴지는 것이 있을 거야! 하고 왔는데… (하하하). 건물만 보여준 거잖아요." 권오중 집사는 웃고 있었지만 허전한 마음은 감추지 못하고 있었다.

반면, 이현우 성도는 인터뷰에서 이렇게 말했다.

"사실 뭐, 저는 가방에 대해서 궁금한 게 없죠. 선교하는 분들의 발자취를 찾아가는 그런 여정 속에서 뭔가 얻어질 것이라고 추측을 했을 뿐이지요."

그의 말대로, 우리의 여정은 단순히 가방만을 찾으러 온 것이 아니었기에 여기서 여행을 그만둘 수는 없는 일이었다. 그래서 우리는 불스트로드(Bulstrode)에서 멀지 않은 북아일랜드에 있는 '헬렌 로즈비어' 라는 선교사를 만나러 갔다.

그녀 역시, 콩고에서 사역한 선교사였기에 사진 속 가방의 주인공에 대해 알 수 있을 것이라는 기대를 가졌던 것이다. 하지만 나의 마음은 불편했다. 아니 정확하게 표현하면 불안했다. '과연 제대로 가고 있는 것일까!' 라는 불확실성이 나를 짓누르고 있었기 때문이었다.

하지만 이현우 성도의 말처럼 단순히 가방을 보는 것이 중요한 게 아니라 우리의 여정 가운데 하나님의 계획하심을 깨달을 수 있을지 모른다는 사실이 큰 힘이 되고 있었다. 그리고 실제로, 하나님께서는 우리의 발걸음에 앞서 행하시어 놀라운 당신의 사랑을 보여주실 준비를 하시고 계셨다.

헬렌 로즈비어와의 만남

북아일랜드 벨파스트(Belfast) 공항으로 가는 길은 쉽지 않았다. 비가 촉촉이 내리는 아침 일찍 런던 스탠스테드 공항에서 출발하여 피곤이 가시지 않았는데 계속되는 연착이 우리를 더욱 힘들게 하였다. 그날따라 테러의 위협이 있어 절차가 매우 까다로웠다. 특히 이현우 성도는 벗기 좀 까다로워 보이는 신발을 신고 있었는데 신고 벗는 반복하는 과정이 여간 불편해 보이지 않았다. 여러 가지로 피곤하게 하는 일정들이 계속되고 있었다.

간간히 내리던 비가 북아일랜드까지 이어지고 있었다. 영국에서 북아일랜드는 우리나라의 제주도와 같은 느낌을 받는다고 했는데 그날만은 전혀 그렇지 못했다.

공항에서 헬렌 로즈비어의 자택으로 가는 길에서 우리는 잠시 대화를 나누었다. 권오중 집사는 헬렌 로즈비어와의 만남을 기대하고 있었다. 아무래도 10년 이상 신앙생활을 하던 그이기에 그녀를 통하여 전달되는 하나님의 은혜를 기대하는 마음이 남다른 것임을 알 수 있었다.

반면, 이현우 성도는 계속해서 자신이 여기까지 온 것에 대하여 스스로 의문을 가지고 있는 것 같았다. 이동하는 차 안에서 나는 질문했다.

"이제 북아일랜드 여기까지 오게 되었는데 어떤 마음이 드세요?"

"저는 사실 어떻게 보면 북아일랜드 벨파스트(Belfast)까지 이런 기회가 아니면 과연 올 일이 있을까 하는 생각을 합니다. 사실 지구 반대편에서 여기까지 오는데 시간도 많이 걸렸고 비행기 안에서 '과연 내가 지금 뭘 하고 있는 건가!' 그리고 '과연 내가 지금 이 다큐멘터리에 맞는 사람인가' 라는 생각을 많이 했습니다. 어떻게 하다가 이렇게 오게 되었는지에 대해서 분명히 무슨 이유는 있을 것 같다는 생각이 들어요."

이현우 성도는 교회를 아주 어릴 적부터 다녔으나 믿음은 없었다고 고백하였다. 그리고 심지어, 한때는 교회에 대한 심한 거부감까지 가졌던 적이 있었다고 말했다. 그런데 결혼하면서 아내의 권면과 사랑으로 큰 은혜를 입어 어느 정도 믿음을 갖게 되었고 궁금증도 많이 생겼다고도 말하였다. 그 고백을 좀 더 들어보면 다음과 같다.

다큐멘터리에 참여하게 된 이유

결혼 전후로 해서 저한테 개인적으로 굉장히 좀 힘든 일이 있었어요. 혼자 견뎌낼 수 없을 만큼 굉장히 큰 사건들이 있었는데 그때 아내의 권유로 같이 교회를 다니게 되었어요. 그때 마음에 큰 위안을 받았어요. 그리고 제가 항상 어떤 피해자이고 왜 나한테만 이런 일이 일어날까 하는 원망이 가득 차 있었는데 '나한테 일어나는 모든 일들은 이유가 있는 것 같다' 라는 생각을 하게 되었어요. 그리고 현재는 되돌릴 수 없을 만큼 큰 상처처럼 보이지만 세월이 흐르고 멀리서 이 사건을 바라본다면 이게 좋은 일의 시작일 수도 있다는 생각을 갖게 되었어요. 그렇게 긍정적인 생각을 갖게 되면서 마음도 편해지고 '아, 믿음을 갖게 되면 또 이런 장점이 있겠구나!' 하는 생각을 하게 되었죠. 그러던 중 오중이로부터 다큐멘터리 이야기를 듣게 되었어요. 처음 제안을 받았을 때 '아, 이것도 일종에 또 하나의 기적이구나!' 하는 생각이 들면서, 내가 이런 프로젝트에 참여해서 경험을 하게 되면 다른 사람들보다 빨리 속성으로 믿음에 가까이 갈 수 있겠다는 마음에 동참을 하게 되었어요.

그런데 제가 엄청나게 깊은 믿음을 가지고 있지 않기 때문에 이런 선교를 주제로 한 영화에 출연한다고 하는 것은 기독교인이라는 것을 온 세상에 알리는 거잖아요. 그러니까 믿음이 얕은 입장에서는 사실 큰 부담이 될 수도 있는 것이에요. 그리고 저는 아무래도 노출된 삶을 살다보니까 어떤 한 카테고리에 정해진다는 것, 어떤 부류로 나누어진다는 것은 사실 위험할 수도 있거든요. 중립적인 입장에 서는 게 가장 안전지대라고 할 수 있지만, 거기에서 벗어나서 분명히 내가 뭔가 얻어올 것이 있을 것이라는 확신이 들었습니다.

이때 권오중 집사는 이현우 성도를 초대하게 된 계기를 다음과 같이 설명하였다.

"사실 다른 후배에게 먼저 이야기를 했었어요. 초신자였고, 제가 십 몇 년 만에 처음으로 교회로 전도한 후배였습니다. 그런데 안타깝게도 그 친구는 얼마 안다니다 크리스천들의 잘못된 모습을 보고 실망하여 교회를 안다니게 되었죠. 그 친구는 저의 제안에 한참 고민을 하다가 그 자리는 자신이 가야 할 자리가 아닌 것 같다고 이야기하더군요. 그런 와중에 이현우 선배하고 이야기를 하게 되었죠. 처음에는 안 될 거라 생각했었어요. 그 분은 곧 아기도 태어날 것이고, 지금 라디오 방송도 하고 계시고 굉장히 바쁜 스케줄이었으니까요. 그런데 뜻밖에도 많은 관심을 보였어요. 또 형수님과 그 집안이 크리스천이어서 적극적인 지지로 함께하게 되었지요."

그렇게 교회를 다니기 시작한 이후, 언제부터인가 그는 그의 모든 상황과 어려움, 그리고 좋은 일까지, 그에게 일어나는 모든 일에는 이유가 있을 것이라는 생각을 하게 되었다. 또한, 삶 가운데 주시는 하나님의 작은 기적을 볼 수 있는 마음의 눈이 그에게 열리게 되었다.

그렇기에, 이번 일에도 뭔가 이유가 있을 것이라는 생각을 하게 되었다. 그는 이번 여행가운데 하나님께서 주시는, 그 무엇인가가 있을 것이라는 확신을 가졌던 것이었다.

권오중 집사 역시, 이번 여행에 동참하게 된 계기가 자신이 하나님께 서원한 삶이 점점 희미해져 가는 현실을 보면서 다시 원위치로 돌아갈 필요를 느꼈기 때문이라고 했다. 사실 두 사람과의 여행을 통하여 일반 연예인들이 경험하는 아픔이 매우 크다는 사실을 확인할 수 있었다.

권오중 집사의 아들은 희귀 난치병으로 고생을 한 적이 있다. 물론 지금도 완전 치유되었다고는 할 수 없지만 주님의 은혜로 고비를 넘기고 지금은 매우 건강하게 자라고 있다. 이는 주님께서 허락하신 은혜임을 너무나 잘 알고 있기에 권 집사는 항상 자신이 드려지기 원하는 신실한 크리스천의 모범을 보이고 있었다.

권오중 집사는 나중에 이런 고백을 하였다. "제가 결혼하고 얼마 안 있어 아이를 통해서 얻은 하나님과의 약속이 있었습니다. 희귀난치병을 앓고 있는 분들이나 아니면 장애를 가지신 분들을 위해서 평생봉사를 하겠다고 약속을 한 부분이 있었는데 이 다큐멘터리를 찍기 바로 얼마 전부터 약간은 제가 사람들로 인해서 상처를 받고 하나님과의 약속이지만 '아! 이걸 계속 해야 되는 것인가' 하는 회의를 가지고 있었습니다. 그 와중에 이 다큐멘터리를 했는데 어떻게 보면 복이죠. 제가 생각했던 하나님과의 약속을 깨우치게 된 계기가 됐어요. 내가 약속했던 것이고 어떻게 보면 소명인데, 알면서도 멀리했던 나의 소명을 하나님께서는 다시 한 번 나에게 설명해주신 게 아니냐는 생각이 들었습니다."

이윽고, 우리는 헬렌 로즈비어(Helen Roseveare)의 자택에 도착하였고, 기니비사우 선교사였던 노먼 커트버트(Norman Cuthbert)가 먼저 우리를 맞이하였다. 노먼 커트버트는 기니비사우의 디렉터로 사역을 하다가 근래에는 북아일랜드 디렉터로 일하고 있었다.

때문에 노먼과의 만남에서는 이후에 만났던 아이사 아더와 관련하여 많은 정보를 얻을 수 있었다. 그와의 첫 인상은 너무 좋았다. 그는 우리나라로 치면 은퇴를 앞둘 정도의 연세가 되었지만 여전히 활동적이고 바쁜 일상들을 보내고 있었다.

특히 처음으로 선교사로 헌신하게 된 계기를 설명할 때는 어린 아이처럼 웃음을 감추지 못했다. 헬렌 로즈비어가 은퇴 후 북아일랜드에서 한 교회를 섬기며 강연 활동을 하는 데 있어서 그의 역할은 매우 중요했다. 그의 사역과 연계되는 것과 관계없이 헬렌 로즈비어의 중요한 협력

북 아일랜드 선교사 노먼 커트버트와 함께

자였다.

자택으로 들어서자 헬렌 로즈비어 선교사가 인자한 모습으로 우리를 포옹으로 반겼다. 백발이 성성하여 인자한 미소를 짓는 그녀의 모습에 이곳까지 여행하며 쌓인 우리의 긴장과 피로감이 누그러졌다. 권오중 집사와 이현우 성도는 헬렌 로즈비어 선교사와의 첫 만남에 대해 이렇게 말하였다.

"따뜻한 인상을 받았어요. 역시 저렇게 오래 사역하신 분들의 표정은 다르구나. 저까지 굉장히 평온해지는 느낌이었어요." ―권오중 인터뷰 중―

"청소년기를 미국에서 보냈는데 백인들의 표정은 너무 익숙하죠. 편안한 인상의 나이 드신 백인 할머님 같다는 그런 느낌이었어요. 그렇지만 기대했던 대로, 뒤에 흐릿하게 날개가 보인다거나 그런 건 아니었던 것 같아서…(웃음)" -이현우 인터뷰 중-

서로 인사를 나눈 뒤, 우리는 응접실에서 그들과 함께 티타임을 갖게 되었다. 따뜻한 차와 쿠키가 우리의 마음을 푸근하게 했다. 노먼은 우리에게 말하였다.

"헬렌 로즈비어는 영국 분이시지만 이젠 거의 아일랜드 사람입니다. 지금 드시는 것은 헬렌이 직접 굽고 준비했습니다."

"제가 할머니지만 이 정도는 간단히 할 수 있어요."

낯선 동양인들의 방문에도 우리를 반갑게 맞아주는 헬렌, 우리가 마셨던 차만큼이나 따뜻하였다. 어느덧 그녀와의 만남이 무르익을 무렵, 우리는 헨렌 로즈비어에게 콩고에서 있었던 아이버 데이비스 선교사의 가방 사진을 보여 주었다. 그리고 불스트로드(Bulstrode)에 있는 선교사의 가방을 보려고 이곳까지 오게 되었음을 이야기했다. 노트북을 통해 사진을 본 헬렌은 우리의 생각대로 아이버 데이비스의 가방을 알아보았다.

"저는 이 가방을 알고 있습니다."

그녀의 그와 같은 말은 불스트로드(Bulstrode)에서 실망했던 우리의 마음을 소생케 하였다. 헬렌 로즈비어 선교사를 만날 수 있도록 인도하신 하나님께 마음속으로 감사드렸다.

사진 속 가방의 주인을 알고 있다는 헬렌은 우리가 불스트로드(Bulstrode) 지하창고에서 다른 가방들을 보지 못한 것에 대해 아쉬워

했다. 하지만 그녀는 어쩌면 자신을 포함한 선교사들의 여정이 우리에게 도움이 될 수 있을 것이라고 했다.

헬렌 로즈비어 역시 콩고에서 사역을 마친 후 영국으로 돌아왔을 때 자신의 가방을 그곳에서 찾아왔다고 했다. 그녀가 콩고로 떠나기 전 영국본부의 지하창고에 자신의 짐과 가방을 남겨두었었다는 이야기를 해 주었다.

그러면서 헬렌은 앞으로 험난한 여정이 될지 모르는 우리의 앞길을 위해 기도해 주었다.

"사랑하는 하나님 아버지 감사합니다. 이곳에 모인 사람들로 인해 감사드립니다. 이들이 한국의 기독교인들에게 큰 도전을 주고자 하는 비전으로 인해 감사합니다. 하나님을 최우선으로 모시고 주님을 섬기며 살아가기를 소원하는 이들의 비전으로 인해 감사합니다."

헬렌 로즈비어는 우리가 찾아와서 자신에 대한 인터뷰와 이후의 진행에 관하여 이야기할 때 적지 않게 당황하기도 하였다. 충분한 설명을 했다고 생각했는데 영국 선교사의 입장에서는 한국에서 낯선 사람들이 찾아와서 깊이 있는 인터뷰를 하는 것에 약간의 의구심이 있었던 것 같았다. 더구나 자신의 과거까지 이야기하면서 인터뷰를 요구하는 우리에게 경계심을 갖는 것은 어쩌면 당연한 것이었다. 그래서 첫 번째 만남에서는 진행이 순조로운 것만은 아니었다. 여정 가운데 가장 힘든 시기였고 영적인 흐름도 우리를 매우 지치게 하였다.

이현우 성도는 헬렌 로즈비어를 만나고 난 이후 인터뷰를 하면서 약간 힘이 들었는지 "특별히 무엇을 강렬하게 느끼는 것이 있는 것처럼 보였다"는 말을 했다.

그리고 다시 말을 이었다. "저는 특정 목적을 가지고 뭔가 하기 위해서 온 거잖아요? 말이 좀 안 되는 상황이긴 해요. 악조건이었고, 올 수 있는 상황이 아니었는데…, 아기도 태어난 지 얼마 안됐고, 제가 절대 집을 떠날 수 없는 상황인데, 내가 왜 이 짓을 하고 있을까? 제 고질병인 거절 못하는 성격 때문인가! 이렇게 생각해보고 좀 원망을 많이 했는데 도착해서 몇 시간 후 새벽부터 여행을 아일랜드 쪽으로 떠났어요. 북아일랜드로…. 그런데 너무 이상한 일들이 많이 일어나는 거예요. 말도 안 되게 공항에 비상사태가 발생해서 출발할 때부터 거의 비행기를 놓칠 뻔 했어요. 도착해서는 그전까지는 굉장히 잘 되던 마이크가 갑자기 작동이 안 되고, 나중에 안 사실이지만 헬렌이 그동안 목사님이 보내셨던 이메일들을 못 받아 보셨고, 갑자기 인터넷이 고장인 바람에 전달이 안 되어 그분은 도대체 이 사람들이 왜 이런 질문을 하고 있을까?라고 의문을 가져 그 내용을 몰랐더라면 서로 오해가 생겼을 것이고, 짐을 저희가 우연히 놓고 오게 되어서 다시 헬렌이 또 가져다주시는 그런 상황도 있었고…, 그러고 나서도 짐이 또 남아 있었죠. 촬영 감독님도 여권을 놓고 내리시고… 그리고 밥 먹으러 갔다가 일원 중 한 명이 가방을 잃어버려서 여권이랑 핸드폰도 분실하게 됐어요. 또한 헬렌이 저희와 인터뷰를 끝내고 공항까지 바라다 주셨는데 거의 큰 사고가 날 뻔 한 일이 있었어요. 교통사고가요. 그것도 우연의 일치라고 하기에는 계속해서 이어지는 사건들이 좀 이상하다는 생각이 들었어요. 사람을 굉장히 피곤하게 만들고 짜증나게 만들더라고요. 그래서 빨리 이 상황을 피하고 싶다는 생각이 들었습니다. 짧은 이틀 만에 많은 일들이 집중적으로 일어나다 보니 '왜 이런 일들이 집중적으로 일어나는 걸까!' 라는 고민을 했지요.

저는 아직 믿음이 깊지 못하기 때문에 그런 것에 대해서 어떻게 해석을 해야 하나 라는 고민이 되었는데 목사님이 말씀하시기를 "영적인 도전이다. 어차피 선교 일을 하기 위해서 왔기 때문에 그걸 방해하려는 세력이 있는 것이다."고 말씀하셨을 때 처음에는 '에이, 뭐 그렇겠어!' 라고 생각을 했는데, 계속해서 그런 일이 집중적으로 일어나다보니, 뭔가 실체가 좀 느껴지는 것 같다는 생각이 들었어요.

좀 음산한 기운이, 그러니까 세상에는 음지와 양지가 존재하고 음과 양이 있고 또 낮과 밤이 있고 선과 악이 있듯이 또 하나님의 일이라면 그걸 분명히 방해하려고 하는 음지의 세력이, 악마의 세력이 있을 수도 있겠다는 생각이 들었습니다. 무슨 괴기 영화를 보는 것 같은 그런 느낌도 사실 들었어요. 그렇게 해석하면 너무 신비로운 체험인거에요. 그래서 이런 안 좋은 사건들을 통해서 악의 실체? 존재(?)를 어느 정도 느끼게 되면서 상대적으로 반대편으로 또 당연히 선한 존재가 또 있지 않겠느냐, 상대성이잖아요. 그런 것을 느끼게 되어서, 저는 힘든 일을 통해서 신비로운 체험을 좀 하게 되었지요."

나 역시 사실 마음에 어려움이 있었다. 일단 알려진 배우들인데 일반석 티켓을 구해서 함께 이동을 했다. 재정이 넉넉지 않았기 때문이었다. 티켓을 발권할 때는 그다지 마음의 어려움이 없었는데 실제 일반석에서 이동할 때는 많은 사람들이 알아보고 말을 걸거나 사인을 요청하는 것을 보았다. 그때 비로소 '아, 이 분들이 자유롭지 못하겠구나…'라는 생각을 하게 되었다. 더 나아가서 영국에 도착해서는 숙소가 민박을 하는 곳이었다. 나름 인터넷을 통해서 사진들을 보고(실물하고 많은 부분에서 차이가 나는 사진인 것을 나중에 알게 됨) 결정했는데 도착해보니 지하였고 공사 중이었다. 그리고 습기가 가득 찬 공간이었다. 난감한 마음이 떠나지 않았다. 그래서 도착하자마자 기도를 했다. 촬영 당시 권오중 집사님은 아내와 아들을 데리고 갔었다. 아들을 특별히 사랑해서 영적 거장들에게 기도를 받게 하고 싶은 아버지의 마음 때문임을 잘 알고 있었다. 그래서 권 집사님 가정에 방 하나를 배정하고, 이현우 성도에게 하나, 그리고 통역하는 자매들에게 방 하나, 나를 비롯한 남자 스텝들 방 하나, 이렇게 정하고 그날 첫 날을 지내게 되었다. 지금 돌이켜 보면 그 분들이 말은 하지 않았지만 정말 주님의 은혜가 아니면 머무는 것이 쉽지 않았을 것이라 생각되었다.

그런데 문제는 그 다음날 일어났다. 지극히 개인적인 체험이지만 상황을 이해하는 데 꼭 필요한 부분이라서 기록하면 다음과 같다. 아침 일찍 일어나 말씀을 묵상한 후 잠시 복도를 걸어가는데 그 옆에 문틀 모양의 창문이 있었다. 그 창문으로 화상을 입은 여인이 가만히 앉아 있는 것을 환영으로 보게 되었다. 분명 그 창문은 잠겨 있고 공간이 없는 벽이었는데 한 여인이 가만히 옆모습을 보이며 앉아 있는 것이었다. 나는 순간 깜짝 놀랐다. 그러나 이내 영적인 부분임을 깨닫고 기도하였고 잠시 후 거실로 나온 김대학 전도사에게도 내가 경험한 상황을 이야기하면서 함께 기도해야 한다고 말했다. 특별히 오늘 헬렌 로즈비어를 인터

북 아일랜드에서 돌아오는 길 벨파스트 공항에서

뷰하는 일이 쉽지 않을 것임을 말했다.

나의 예상은 어긋나지 않았고 이현우 성도가 말했던 그 내용대로 정말 상식적으로 이해되지 않는 일들이 너무 많이 일어났었다.

지금도 86세의 헬렌 로즈비어에게 다음 일정을 위해 콩고에 대한 긴 시간의 인터뷰를 진행한 것과 노먼의 인터뷰를 하면서, 또다시 그녀를 기다리게 한 것은 지금 생각해도 미안한 마음을 감출 수 없다.

헬렌 로즈비어는 겸손하고 예의를 아는 전형적인 영국 여성이었다. 만면에 웃음을 감추지 않았으며 통역에 약간의 문제가 있었지만 우리를 오히려 격려해 주었다.

다음은 우리가 돌아간 다음에 보내온 그녀의 편지이다.

Dear Pastor Kim and all the Korean team!
THANK you so much for your visit to us yesterday!
It was a joy and a privilege to have you in our
home. Thank you for your graciousness towards us
- you were all so willing to help in any way you
could. Thank you for y our patience with us, when
we could not understand your language - but those
who interpreted for us were excellent.
I trust we always understood the questions you put
to us, and that our answers were pleasing to God,
and that you could understand what we said. I am
sorry the weather was not better - today there is
no rain, but lovely sunshine everywhere!

친애하는 김목사님과 한국팀에게!
어제 저희를 방문해주셔서 너무 감사를 드립니다. 저희
집에 여러분을 모시게 된 것은 기쁨이요 특권이었습니다.
저희에게 보여주신 은혜에 대해 감사를 드립니다.
여러분들은 할 수 있는 대로 저희를 도와주시려고 하셨지
요. 저희가 여러분들의 언어를 이해하지 못했을 때에도

참고 기다려주셔서 감사합니다.

하지만 저희를 위해서 통역해 주신 분들은 훌륭했습니다.

여러분께서 저희에게 하신 질문들을 모두 이해했다고 믿습니다. 그리고 저희의 대답이 주님을 기쁘시게 했고 이해하셨으리라 믿습니다. 날씨가 좋지 않은 점에 대해 안타까웠습니다. 하지만 오늘은 비도 없고 오히려 햇빛이 사랑스럽습니다.

그와 같은 첫 번째 만남 이후, 헬렌은 두 번째 만남에서 더 깊은 이야기를 우리에게 해주었다. 아마도, 두 번째 그녀를 만나기 전 우리는 이미 콩고를 다녀왔고 그녀의 사역지를 충분히 살펴 본 이후였기 때문에 서로 더욱 열린 마음으로 대화할 수 있었던 것 같다.

예수 그리스도가 하나님이시며

나를 위해 죽으셨다면

그를 위한 어떠한 희생도

결코 크다고 할 수 없다

사진 가운데 있는 사람이 헬렌 로즈비어 선교사. 28세 때

헬렌이 들려준 순교자 이야기

헬렌 로즈비어 선교사, 그녀와의 대화를 통해 헬렌의 사역에 대해서
더 깊이 알게 되었다. 그녀가 콩고에서 겪었던 일들과 그녀가 이룬 사역
의 결과는 실로 엄청나다고 할 수 있는 것들이었다.

우선, 헬렌 로즈비어에 대하여 좀 더 자세히 소개하자면, 그녀는 이미
영국과 해외에서는 잘 알려진 인물이었다. 그녀의 자서전인 '이 산지를
내게 주소서'는 책으로 우리나라에도 소개되어 그녀의 용기와 헌신에
많은 이들이 감동을 받고 그녀를 역할모델로 삼고 있다.

헬렌 로즈비어는 1925년 영국에서 존경을 받는 가문에서 태어났다.
헬렌의 아버지는 전쟁에서 공을 세워 작위를 수여 받았는데 매우 명성
이 높은 수학자였으며 자녀 교육에 특히 관심이 많았다고 한다.

12살 때 여학교에 입학하였으며 졸업 후 캠브리지에 들어가 의학 학
위를 취득했다. 그리고 그녀는 캠브리지 1학년 때 회심을 하였다. 영국
국교회 신자였으나 캠브리지 대학교 기독학생회를 통해 예수님을 영접
하고 복음주의 그리스도인이 되었다. 그 후, 그녀는 의대를 졸업하였고
WEC 소속 선교사로 아프리카 콩고에 파송되어 갖가지 악조건 속에서
도 의료센터와 간호학교를 설립하였으며 이를 통하여 복음의 많은 열매
를 맺게 되었다.

헬렌이 선교사에 대한 꿈을 갖게 된 것은, 그녀의 가족이 선교사로 활
동하고 있었기 때문이었다. 헬렌은 그들을 통해서 하나님의 일을 감당
하고 복음을 전하기 위한 선교사의 꿈을 품기 시작했다. 그래서 충분히

자신을 위해 누릴 수 있는 좋은 가문과, 학력, 그리고 젊음을 하나님께 드리기로 결심하게 되었다. 그 모든 좋은 혜택을 자신만을 위해 누리는 것을 포기하고 내려놓은 것이었다.

1953년 헬렌은 선교사가 되어 아프리카 콩고로 떠나게 되었다. 콩고에 도착한 그녀는 너무도 열악한 그곳에 무엇보다 의료봉사가 절실히 필요함을 알게 되었다. 그러나 그녀의 결심과는 달리 의료봉사를 할 수 있는 이들은 턱없이 부족하였기에 헬렌은 계획을 수정해야 했다. 훈련학교를 세우기로 결심하였다. 그곳에서 현지 학생들에게 기초적인 의료 기술과 함께 성경을 가르쳐서 각 마을로 파견하였고 봉사하도록 하였다. 하지만 이러한 일들이 항상 그렇듯 쉽지 않았다. 하지만 여러 반대에 부딪혔음에도 불구하고 의료 훈련 학교를 세웠고, 네보봉고에서도 병원을 세워 간호사 훈련을 계속하였다.

그녀는 당시, 선교 사역에 있어서도 여성을 차별하는 상황 가운데 있었다. 아무리 여성이 재능이 뛰어나고 지도력이 있어도, 리더의 자리에는 결코 설 수 없었고, 뿐만 아니라 사역에 있어서도 많은 제한을 받았다.

그러나 헬렌은 그 누구 못지않게 하나님을 사랑하고 있었고, 아프리카 사람들을 사랑하는 열정이 있었다. 그녀의 마음에 담긴 그 열정은, 연약할 뿐인 여성일지라도 그녀를 강인함으로 이끌었다.

그렇게 그녀의 놀라운 삶과 사역은 헬렌과의 대화를 통해 더욱 상세히 알게 되었고, 우리는 그 모든 좋은 것들을 포기하고 미지의 땅 아프리카 콩고로 떠날 수 있었던 그녀의 헌신에 대해 놀라움을 금치 못하였다.

나는 문득 사진 속 가방의 주인인 '아이버 데이비스'가 떠올랐다. 그가 콩고로 떠나 그곳에서 어떤 삶을 살았고 어떤 헌신을 했었는지는 아직 잘 알지 못하나, 어떻게 그 모든 걸 버리고 온 삶을 콩고에 바칠 수 있었는지, 다시 한 번 생각하게 되었다.

'무엇으로 가능했던 것일까! 그곳에 무엇이 있어 아이버 데이비스가 콩고에서 온 삶을 드렸듯 헬렌 역시 콩고를 위해 자신의 삶을 희생했던 것일까! 무엇 때문에 그 모든 걸 내려놓을 수 있었던 것일까!'

그러나 헬렌의 이야기는 그것만이 다가 아니었다. 곧 그녀에게서 충격적인 이야기를 듣게 되었다. 그녀가 콩고에서 겪었던 엄청난 핍박과 고통에 대한 이야기였다. 뿐만 아니라, 콩고에서 순교한 선교사들의 이야기도 듣게 되었는데, 그 모든 일들은 매우 충격적이었고 우리를 놀라게 했다. 헬렌은 계속해서 그 모든 이야기를 우리에게 담담하게 들려주었다. 콩고내전 당시 순교했던 선교사들의 이름을 열거하였다.

"1960년 2차 사역을 하기위하여 돌아왔습니다. '빌 맥체즈니'는 그의 첫 번째 사역을 하기 위해 저와 함께 왔지요. '짐 로저'라는 청년이 스코틀랜드에서 저희보다 2년 후에 왔구요. 뮤리엘 하먼이라는 아주 사랑스러운 캐나다 여성은 선배 선교사였습니다.

1960년대 즈음, 콩고인들은 공산주의자의 영향으로 이집트, 러시아 등에서 훈련을 받았습니다. 콩고를 공산주의화시키기 위하여 반군을 조직하고 운영하는 방법을 가르쳤지요. 그렇게 해서 1964년 8월에 전쟁이 시작되었습니다."

그와 같은 서두로, 순교자들에 대한 절절한 헬렌의 긴 이야기는 시작되었다. 그녀가 증거 한 그 모든 이야기를 나는 이곳에 옮겨 적는다.

콩고내전이란

콩고 내전은 1960년~1978년과 1998년~2003년과 2008년에서 현재까지 세 차례에 걸쳐 콩고민주공화국에서 일어난 내전이다. 1차 내전에서는 국제 평화유지군이 파견되었고 2차 내전에서는 아프리카 8개국이 참전해 '아프리카판 제1차 세계대전' 이라고도 불린다. 3차 내전은 투치족 출신 로랑 은쿤다 장군이 반란을 일으켜 은쿤다 세력과 정부군이 싸우면서 일어난 내전이다.

제1차 콩고 내전은 1960년 6월 30일 콩고민주공화국이 벨기에로부터 독립하면서 시작되었다. 1960년 6월 30일 벨기에로부터 독립한 콩고민주공화국은 파트리스 루뭄바가 초대 총리로 취임했다. 하지만 독립한 지 2주일도 되지 않아 군 장교와 경찰 간부들이 폭동을 일으켰고 카탕카 주가 독립을 선언했다. 콩고민주공화국은 내전을 피하기 위해 국제 연합(UN)에 도움을 요청해 평화유지군을 끌어들였으나 1961년 1월 17일 카탕카 분리주의 정권은 루뭄바 총리를 살해하고, 국제 연합은 이를 막지 못해 논란을 일으켰다. UN 평화유지군은 1964년까지 주둔했으나 1964년 평화유지군이 철수하자 다시 곳곳에서 반란이 일어났고. 1965년 모부투 세세 세코 장군이 쿠데타를 일으켜 조제프 카사부부 대통령을 축출하고 권좌에 올랐다. 1967년에는 카탕카 주의 반란이 가라앉고 1971년에는 국명을 자이르로 바꾸었다. 1977년~1978년에 카탕카 반군이 다시 샤바(옛 이름 카탕카)

로 침입했으나 격퇴되면서 종식되었다.

제2차 내전은 국제전 양상을 보여 '아프리카판 제1차 세계대전'이라 불렸다. 당시 1996년 로랑 데지레 카빌라가 이끄는 반군 서력은 모부투 세세 세코 장군이 스위스로 떠난 사이에 반란을 일으켜 전 국토를 점령했다. 1997년에 르완다, 부룬디, 우간다 3국은 로랑 더지레 카빌라의 반군 세력을 지원했는데 1997년 6월 모부투 대통령의 뒤를 이어 취임한 리수바 대통령이 7월의 대선을 앞두고 각 군벌들에게 사병 해체를 요구해 응궤소 전 대통령이 반발하면서 내전이 시작되었다. 10월에 앙골라가 응궤소를 지원해 응궤소 대통령이 재집권했으며, 4개월간의 내전으로 1만 명이 사망하고 50만 명의 난민이 발생했다. 1998년 르완다가 그동안 지원해 온 로렌트 카빌라의 정권을 전복시키면서 국제전 양상을 보였다. 1998년 이후에는 축출되었던 리수바파 반군들과도 충돌했으며, 1999년 11월 리수바파와 잠비아의 수도 루사카에서 평화 협정을 체결했다. 그러나 카빌라로 인해 루사카 평화 협정은 지켜지지 않은 채 내전만 계속되었고 2003년에야 총성이 멈추었다. 콩고 내전이 평화적으로 종결될 기미를 보인 것은 2007년 1월 로랑 데지레 카빌라가 암살당하고 아들 조제프 카빌라가 대통령으로 취임하면서부터이다.

제3차 내전은 2008년 11월 투치족 출신 로랑 은쿤다 장군이 반란을 일으키면서 발발한 내전이다. 현재에도 진행 중이며 약 25만 명의 난민이 발생했다.

빌 맥체즈니. 미국. 28세 1964.11.25 순교

"빌 맥체즈니는 아리조나 피닉스 출신으로, 그의 28년 인생 중에 4년을 콩고에서의 사역하였습니다. 그는 성경과 선교사역 준비를 위해 미국 인디애나주 앤더슨에 있는 The Great Commission 신학교를 졸업했습니다.

그는 1960년 벨기에-콩고가 독립하기 직전에 콩고에 왔습니다. 그가 머물렀던 선교지 이밤비는 그 주변의 본부였습니다. 그의 사역은 선교를 위한 이동차량들의 유지보수를 책임지고 있었고, 넘치는 유머와 인간미로 모두에게 사랑 받는 사람이자 주님께 깊게 헌신된 사람이었습니다.

미국의 국적을 가진 선교사였기 때문에 반군이 그 지역의 권력을 장악하자, 미움과 공격의 대상이 되었습니다. 이 탄압은 콩고 정부가 미국 비행기를 사용하여 반군에게서 스탠리빌 계곡을 탈환하자 더욱 강화되었습니다. 11월 초에 그는 3명의 보초병에 의해 이밤비에 억류되었으며 곧 그가 죽기 전 10일을 보내게 되는 왐바로 보내졌습니다.

때때로 너무 심하게 폭행당하여, 도저히 눈으로 볼 수 없는 처지가 되기도 했습니다. 왐바에 도착해서 낮 동안은 그냥 머무는 것이 허락되는 것처럼 보였으나, 밤에는 다시 억류되었습니다.

11월 25일에 짐 로저와 함께 그는 다시 억류되었습니다. 한 선교사의 말에 따르면 "그는 5명 이상의 반군 병사들에 둘러싸인 어린 학생 같았습니다."라고 했습니다. 벨기에 인들과 짐 로저와 함께 그는 줄지어 서서 심문을 받았고, 그의 국적이 확인되었습니다.

어떻게 빌이 죽음을 당했는지에 대해서는 여러 가지 이야기들이 있습니다. WEC 선교사 중에 그의 죽음을 증언한 분은 없었지만, 두 가지 정도의 기사보도를 공유하려고 합니다. 1965년 1월 8일 타임즈 매거진에 실린 기사를 보면 당시 상황은 반군들이 이 지역을 점령한 후 살아남은 벨기에 인들을 가운데 몰아넣고 쭉 둘러서서 "죽여! 죽여! 전부 죽여!"라며 온통 소리를 질렀습니다.

그들은 벨기에 인들을 사살하거나, 칼로 난자하거나, 산채로 묶어 강에 던지는 등 만행을 저질렀습니다. 하지만 이와 같이 보도된 상황은 스물여덟 살의 개신교 선교사 빌이 어떻게 죽었는가에 비하면 아무것도 아니었습니다.

반군들은 엎드러진 빌의 시신 위에 광란의 춤을 추어 시신의 장기가 몸에서 다 튀어나오고, 피가 흘러넘치게 하였습니다. 그 이후 반군들은 그의 눈을 뽑은 다음, 시신을 강에 던져버렸습니다.

　한 신부님의 후일담에 따르면 빌을 땅에 엎드려놓고 한 반군이 그 위를 뛰어 짓밟아 그의 목을 부러트렸다고도 했습니다. 인간의 탈을 쓴 반군들의 미친 짓에도 우리가 소망을 품는 것은, 빌의 영혼은 이미 그 전에 주님의 임재 안에 들어갔다는 것입니다.

　자신을 위해 목숨을 바친 주님과 같이 그 역시 다른 사람을 위한 헌신의 삶을 살다가 죽음을 맞이했습니다. 이러한 사실은 죽음 역시 그가 한 선택인 것을 알게 됩니다. 빌 맥체즈니는 그의 인생에서 시 한 편을 남겼습니다. 자신이 결정한 선택에 관한 것인데 이 시는 그의 삶이 짧았지만 얼마나 가치 있는 죽음이었는가를 알려 주고 있습니다."

〈나의 선택〉

아침 여덟 시,
나는 햄과 계란으로 아침식사를 하고 싶습니다.
한 시가 되면 잘 구운 스테이크로 점심을,
그리고 일과를 마친 후 다시 저녁을 들겠습니다.
방마다 전화가 있고, 부드러운 카펫이 깔려있는 마루와
예쁜 커튼으로 꾸며진 문,
그런 초현대적인 집을 갖고 싶습니다.

사랑스런 것들로 잘 정돈된 아늑한 방,
스프링이 들어 있는 푹신한 안락의자

그리고 조그마한 텔레비전 한 대를 갖고 싶습니다.
물론 주의 깊게 프로그램을 선택하렵니다.
나는 또 최신 유행의 조끼,
정장이 가득 찬 깔끔하고 멋진 옷장을 갖고 싶습니다.
크리스천은 왜 최고급을 가질 수 없나요?

그러나 그때,
나는 너무나 분명하게 말씀하시는 내 주인의 음성을 듣
습니다.
"갈릴리의 비천한 자 나를 따르렴."
"공중의 새도 보금자리가 있고 여우도 쉴만한 굴이 있으나
나는 네게 잠자리도 줄 수 없구나.
내 자신 머리 둘 곳조차 없는 자란다."

수치심으로, 수치심으로 나는 고개를 떨구고 울부짖습니다.
"어떻게 십자가에 달리신 그분을 멸시할 수 있는가?"
그분이 가셨던 길,
기도로 지새운 수많은 밤들을 어찌 내가 잊을 수 있겠는가?
한 조각 음식도 없어, 주님은 40주야를 홀로 금식하셨습
니다.
멸시 당하고 거절당하신 채 그분은 계속 그 길을 가셨그,
성전의 휘장이 찢겨져 나갈 때까지 그분은 멈추지 않으

셨습니다.
슬픔과 번민을 겪은 안식을 줄 아무런 육신의 친구도 없이
하나님께 버림을 당한 자. 예언자가 말하기를
그는 모욕을 당하시고, 매 맞은바 되었고 멍들었으며,
그에게서 붉은 피가 흘렀다고.

그가 정녕 하나님이시고, 나을 위해 죽으신 분일진대,
죽을 수밖에 없는 인생인 내가 어떤 희생을 드린들
그보다 더하겠습니까?
예수님을 위해 내가 바로 그 일을 하렵니다.
그렇습니다. 그분이 가신 그 길을 나도 가렵니다.
그 어떤 다른 길도 나의 하나님을 기쁘시게 할 수 없으므로
이것이 나의 선택입니다.
영원을 위한 나의 선택입니다.

짐 로저. 스코틀랜드. 45세 1964.11.25 순교

"짐 로저는 45세로 Dundee의 교장 선생님이자 방과 후 남는 아이들의 선생님이었습니다. 그는 학교에서 최우수 교사였으며, 에딘버러 대학에서 독일어와 불어의 석사자격을 소지하고 있었습니다. 세계2차 대전 중에 그는 RAF(영국 공군)에서 통역가로 일했고 그 때 캐나다 외의 해외사역을 바라보게 되었습니다.

그가 콩고에서의 선교사역에 대한 소명을 발견한 후에 그는 글래스고에 있는 대학에서 전 훈련과정을 마쳤습니다. 거기서 사역후보자로서 현장사역을 진행하기 전에 런던 본부에 보내졌습니다. 짐이나 우리에게나 쉽지 않았던 것은 글래스고에서도, 런던에서도 짐이 현장에서의 선교사역을 감당하기에는 현실적인 부분이 부족하다고 판단되는 점이었습니다.

그래서 우리는 그에게 원래 그의 자리에 돌아가 학교 선생님을 계속하는 것이 어떤지 권고 하였습니다. 그는 돌아갔지만, 다시 우리의 여름 컨퍼런스에 참여했고, 또한 현실적인 훈련도 받아왔습니다.

그리고 그는 다시 지원했습니다. 신중하게 기도를 통하여 숙고한 결과 우리는 그에게 이전과 동일한 결정을 내렸습니다. 그러던 어느 날 콩고 현장리더로부터 짐을 보내달라는 편지를 받았는데, 그 이유는 그와 같이 신실한 사람이자 학교선생님이 콩고의 선교사역에 도움이 될 수 있고, 필요하기 때문에 우리의 결정을 재고하기를 바란다고 했습니다. 따라서 우리는 짐을 콩고의 현장으로 보내기로 결정하게 되었습니다.

콩고의 독립을 둘러싼 긴장 속에서 짐은 그의 자리인 Lubutu의 학교에 있었습니다. 1964년 6월 컨퍼런스에서 짐은 교육적인 정책과 지역이라는 특별한 주제로 인해 선생님들조차도 감시를 받는 분쟁지역에 있었지만 학교를 떠나지 않았습니다. 그리고 짐은 왐바로 발령을 받게 되었습니다.

7월 28일 이후에는 현장으로부터의 모든 소식이 끊어졌습니다. Mr.Grainger로부터 들은 바에 따르면, 짐은 10월 중순의 상황에 대한 모든 것을 기록하면서 지금은 상황이 괜찮아질 것으로 보이고 상황이 바뀌기를 기대하면서 기도하는 중이라고 했습니다. 그리고 염려할 이유는 없다고 전해 왔습니다. 그러나 우리는 우리 선교사들을 통해 그가 빌과 함께 1964년 11월 26일에 죽었다는 것을 알게 되었습니다. 젊은 빌 맥체즈니가 당시 거의 2주 전부터 상태가 너무 안 좋아서 감옥 안에서도 짐이 그를 돕고 간호해야 했습니다.

그 때 소위 "사자들"로 불리우는 벨기에 특공부대가 미국 비행기를 사서 스탠리빌 지역으로 오고 있다는 소식을 듣고 반군들은 모든 미국인과 벨기에 인들을 죽이겠다고 미친 듯이 날뛰기 시작하였습니다. 그리고 그곳에는 단 한 명의 아직은 어리고, 아픈 약한 미국인, 우리의 빌이 있었을 뿐이었습니다. 하지만 그들에게는 그것이 문제가 되지 않았습니다.

왐바의 모든 백인들은 함께 모여 삶과 죽음이 갈리는 줄을 서야 했습니다. "네 국적을 밝혀라." 가 주어진 질문이었고 우리는 대답해야 했습니다. "모든 벨기에인과 미국인들은 죽고 나머지는 산다." 누군가가 친절하게 짐에게 이야기 해 주었습니다. 그가 자신의 국적을 밝히기만 하면 살 수 있을 것이었지만 이 형제는 자신보다 어린 동생을 바라보았고, 간호자로서 그의 병자를 바라보며 대답했습니다. "저는 빌과 함께 할 것입니다." 그는 그의 십자군 동료들처럼, 그가 빌을 도울 수 있음에 안도할 수 있었습니다. 그리고 삶과 죽음을 가로지르는 줄에 서서 그 질문을 받았습니다. "국적은?" 그 친절한 얼굴의 입술과 갈색 눈동자는 열리지 않았고, 그는 빌과 함께 죽음에 처하게 되었습니다. 한 벨기에인 로마 가톨릭 신부가 그의 명예로움을 보고, 죽음 직전에 외쳤습니다. "그는 영국인이요." 하지만 때가 너무 늦었습니다. 용납될 수 있는 시간을 지나버린 것입니다.

"형제보다 더 가까운 친구"가 있습니다. 그 자신이 좋아하는 것을 견

시릴 테일러, 뉴질랜드, 45세 1964.11.25 순교

려내는 그런 짐 로저 같은 형제가 있습니다. 그들의 삶은 너무 아름다웠고 죽음도 그들을 갈라놓지 못했습니다. 마지막으로 그들의 손을 등 뒤로 묶어 발목까지 내려놓고, 반군들은 악마적인 분노에 사로잡혀 시신들을 짓밟아 뭉갰습니다.

우리는 더 이상 할 말이 없었습니다. 빛이 어둠에 비춰지면, 그 어둠은 빛을 떨쳐 낼 수 없습니다. 사랑스럽고, 헌신되었던 잘생긴 우리 빌과 잿빛 머리칼의 학자 짐. 하늘나라의 영예로운 리스트에 나란히 기록되었을 겁니다. 이들에 대해선 용감한 짐으로 인해 짧게 알게 되었습니다.

"저는 빌과 함께 가야 합니다." 그가 말했습니다. 그는 그로 인해 인생의 마지막 경주에서 금메달을 따게 된 것입니다.

시릴과 조이 테일러는 뉴질랜드의 남쪽 섬 그리스도교회 출신이었습니다. 그들의 사역지는 Lowa라는 곳으로 콩고 강의 상류인 Lowalaba 강의 서쪽에 위치한 곳으로 정부 건물과 시가지가 강가의 건너편 지역이었습니다.

그들은 자신들의 두 명의 아들(머레이 14세 /베리 12세)과 두 명의 딸들(콜린 6세 /폴린 3세)과 함께 있었습니다. 1964년 11월 9일, 그 가족은 강 건너로부터 온 카누에 전부 붙잡혀 끌려갔고, 억류되었습니다.

이는 두 가지 사건이 반군들의 불안을 증폭시켰기 때문이었는데, 첫 번째는 Lowa강을 오가던 배가 가라앉은 사건과, 두 대의 정부 측 헬리콥터가 선교본부에 내렸기 때문이었습니다. 이 헬리콥터는 Kindu라는 곳에서 극적으로 구출된 Mr. & Mrs. Grainger의 안위를 살피러 왔던 것이었습니다. 하지만 헬리콥터가 그곳에 도착했을 때, 이미 선교본부는 텅 비어 있었고, 헬리콥터들은 그대로 다시 돌아갈 수밖에 없었습니다. 반군들은 선교단체와 정부 간의 라디오 교신을 확신하고 있었습니다. 시릴과 머레이는 잡힌 후 존재하지도 않는 통신연결기를 찾기 위해 거칠게 다시 강 건너편으로 보내졌습니다. 35mm 슬라이드 프로젝터가 발견되자, 반군들은 매우 흥분했고 그들이 이것으로 무언가 일을 꾸몄다고 결론지었습니다. 그들은 포로들의 등 뒤로 손목을 묶었고, 더욱 힘든 고통의 여행이 시작되었습니다. 그들은 반대편에서 살아있는 개미언덕에 던져졌습니다. 오직 콩고의 흰개미를 맞닥뜨린 사람들만이 그 시간이 얼마나 고통 받는 시간이었는지에 알 수 있을 정도로 힘에 겨운 상황이었습니다.

11월 22일, 일요일 모두는 서둘러 강 아래쪽 Ponthierville로 보내지기 위해 차에 태워졌습니다. 그 곳은 고통의 장소였습니다. 거의 발가벗겨져서, 구타당하고, 짐승처럼 다뤄지고, 온몸에 핏자국이 가시지 않은 채로 반군들의 기분에 따라 뛰라면 뛰고 걸으라면 걸어야 했습니다.

로마 가톨릭 수녀들과 신부들과 다른 3명의 백인들은 함께 다음날 스탠리빌 계곡으로 이송되어 지하 감옥에 투옥되었습니다. 모든 반군들이 아이들에 한해서는 자비를 베풀어 조이와 두 어린 딸들은 감시를 붙여 1층에 남겨두었습니다.

화요일 오후에 한 박격포차가 서쪽 강가로부터 올라와 반군 기지를 폭격하였고, 이는 건물밖에 있던 반군들에 사상자가 나는 참사가 발생했습니다. 코너에 있었던 조이와 두 딸들은 기적적으로 다치지 않았습니다.

하지만 분노가 치민 감시를 맡고 있던 반군은 조이와 두 딸들을 칼로 공격했습니다. 콜린은 이마에 4인치 정도 찔렸고, 폴린의 머리 역시 두 군데나 5인치 정도의 자상이 남았습니다. 조이는 직접적으로 심장을 찌르려는 공격을 막다 다친 팔과 손의 심한 상처로 괴로워했습니다. 팔은 두 군데가 부러졌고, 손가락도 2개나 부러진 상태였습니다.

조이는 비틀거리며 방으로부터 문을 열고 나와 야자수 아래 누웠습니다. 시릴은 아래에서 폴린이 우는 소리를 들었습니다. 그는 당장 현장으로 올라와 아이들을 모았고 지하실로 데리고 내려가는 것을 도왔습니다.

기본적인 욕구를 충족할 수 있는 일은 아무 것도 없었습니다. 그들은 여전히 하루 종일 깜깜한 지하실에 갇혀 있었고, 서른 명 정도가 먹을 물도, 화장실도 갖추지 못한 곳에 감금된 것이었습니다. 다음날 반군들이 돌아왔습니다.

그 저녁에 모든 투옥 자들(머레이와 베리를 포함해서)을 지상으로 올렸습니다. 조이와 콜린, 폴린과 Mrs. 헤리슨만이 부러진 다리와 함께 아무런 도움 없이 지하에 남겨졌습니다. 투옥 자들은 기다란 방에 세워져 한 줄은 남자, 다른 한 줄은 여자로 세워졌습니다.

한 반군이 총을 들고 들어와 각각 차례로 살육하기 시작했습니다. 시릴은 맨 첫줄에 서 있었기 때문에, 처음으로 주님의 임재의 온전한 빛 속으로 들어갔습니다. 머레이와 베리는 벽의 움푹한 곳으로 떨어지며 시체들 사이에서 가사상태에 들어갔습니다. 하지만, 반군들은 그들이 살아있는 것을 발견해 냈는데, 이례적으로 자비를 베풀어 그들을 지하실에 다시 던져 넣었습니다.

큰 아들이 엄마 앞에 무릎을 꿇었습니다. "엄마! 아빠가 하나님께로 가셨어." 머레이는 그 때 바닥에 엎드려 하나님께서 그의 아버지를 데려 가시고, 예수님과 함께 계신 것에 대해서 하나님께 감사드렸습니다. 그리고 그가 이렇게 기도를 마쳤습니다.

"주님, 아버지를 쏜 자를 용서해 주세요. 그리고 무엇을 저지르고 있는지 모르는 자들을 용서해 주세요. 예수님의 이름으로 기도드립니다. 아멘."

나중에 이 이야기를 전해들은 시릴의 나이 드신 어머니가 Mr. Jim Grainger에게 이렇게 편지했습니다. "저는 아직도 제 하나뿐이고 너무 소중한 아들이 주님께서 너무 사랑하신 나머지 뮤리엘 하면과 함께 주님께 데려가셨다는 사실을 실감하기 어렵습니다.

저는 시릴이 그의 하나님을 섬기는 곳에 가고자 했음을 알고 있고, 하면 여사 역시 그랬을 거라고 생각합니다. 그들이 그런 길을 가버린 것이 비극적으로 보이기도 하지만, 그들은 주님과, 주님께 면류관을 받은 자들과 함께 있을 것이고 이것이 더 좋은 일이라고 생각합니다."

시릴과 조이는 콩고사람들을 너무 사랑했습니다. 그리스도의 영광이 그들의 사역을 통해 모두에게 비춰졌고, 헛되지 않았습니다. 마치 부서진 장미가 가장 강한 향기를 내뿜는 것 같이 말입니다.

'만약 당신이 성공 없이 고난만 받았다면, 이는 다른 누군가가 성공할 수 있게 되기 위한 것입니다. 만약 당신이 고난 없이 성공했다면 이는 누군가가 고난을 미리 받았기 때문입니다.'

이 부분은 우리의 시릴과 조이, 콩고의 교회와 반군들 모두에게 여러 가지 의미를 가지는 것 같습니다."

헬렌이 감내한 사랑

1964년, 콩고에서 시작된 유혈 내전 사태, 8월 15일이 되자 네보봉고의 병원과 선교사의 집까지 반군들에게 점령당하고 말았다. 전쟁은 그렇게 콩고. 그리고 그곳을 섬기는 선교사들에게까지, 참담한 비극을 가져왔다.

하지만 하나님께선 아픔과 가난이 가득한 콩고와 그곳에 있는 수많은 영혼들을 사랑하셨다. 하나님께서는 콩고에 닥칠 비극을 아셨기에, 그 모든 것을 능히 감당하고 이겨낼 수 있도록 콩고를 위하여 은혜를 예비하셨다.

앞서 언급했지만 1953-1954년에 콩고의 교회에는 놀라운 영적 부흥이 있었다. 그것은 곧 있을 심각한 핍박에 대한 예비하심이었다. 콩고 그 땅에 곧 닥칠 고난을 능히 감당할 수 있도록, 하나님은 당신의 사랑을 그곳에 부으신 것이었다. 그로 인해, 많은 사람들이 하나님을 더욱 사랑하게 되었다. 아마도, 1953년에 콩고에 왔던 헬렌도 콩고를 향한 하나님의 예비하신 사랑이었을 것이다.

그러나 그 사랑은 긴 아픔을 감내하는 사랑이었다. 내전이 일어난 해, 10월 29일 반군이 선교사 촌을 점령하였는데 그와 같은 상황에서도 콩고를 버리지 않고 선교지를 지키고 있던 헬렌은 크나큰 고통을 경험하게 되었다. 반군들로부터 여자로서는 도저히 감당할 수 없는 모진 고통, 성폭행을 당하고 만 것이었다.

헬렌은 당시의 상황을 이렇게 증언하였다.

> 그들은 나를 발견하자마자 발을 잡고 거꾸로 끌고 가서 머리와 어깨를 난타하고 땅에 팽개치고는 다시 발길질을 했습니다. 깨어진 안경은 간 곳이 없었고 온 몸은 상처로 고통스러웠으며 이는 얼얼하였고 입안에는 피가 가득 찼습니다. 뭔지 모를 두려움과 말 못할 공포로 의식을 제대로 가눌 수가 없는 가운데 그들은 나를 끌어다 놓고 저주와 욕설을 한바탕 퍼부었습니다.

당시에는 이해할 수 없었지만, 헬렌은 그날 밤 당한 무서운 폭행을 통해 뒷날 자신과 같은 일을 당한 사람들을 위해 사역을 할 수 있었다고 했다. 그녀에게는 깊은 영성이 있었기 때문에, 성폭행이라는 엄청난 일까지 당하고도 하나님을 저버리거나 영적인 정결함을 잃지 않으리라는 확신을 가질 수 있었다.

다음은 헬렌이 간증한 내용을 그대로 인용하였다.

아주 끔찍했다. 몇 시인지는 모르겠다. 이미 시계를 빼앗긴 후였기 때문이다. 누군가 문을 두드리고 있었다. 심장은 멈출 것만 같고 입은 바싹 말라왔다. 어찌됐건 문 쪽으로 가야 했고 문을 열었다. 대략 7~8명의 사내가 집으로 밀고 들어왔다.

잔인하고 야만적인 것이 목소리에 묻어났고 눈에는 증오가 서려 있었다. 그들은 검침을 나왔다고 했고 나는 이미 검침을 받은 후였지만 "그래요, 한번 둘러보세요." 라고 말했다. 그들은 라디오와 그, 뭐라고 부르더라? 카세트 녹음기 같은, 그런 것을 찾고 있는 것 같았다. 난 그런 것을 가지고 있지 않다고 말했지만 그들은 믿지 않았다.

그들은 여기 사는 백인들은 모두 가지고 있다고 믿는 듯했고 난 정말 없다고 말했다. 정말로 없었기에 두려움도 없었다. 그들은 집안을 샅샅이 뒤졌다. 그들이 떠나고 난 후 안도감이 밀려왔다. 그때 갑자기 집안에 아직 한 명이 남아 있다는 것을 알아챘다. 그때 이건 '사단 이구나' 라는 느낌이 들었다.

난 밖으로 뛰어나가서 군인에게 잡혀있던 두 간호 학생에게 랜턴을 던졌다. 그냥 냅다 랜턴을 던지고 집 주위로 도망을 갔다. 무슨 생각을 하고 있었는지는 모르겠다. 무조건 숲으로 뛰어가 몸을 숨겼다. 내가 도망을 가고 숨는다면 그들이 아프리칸을 자극시킬 것이라고 생각했다. 난 그럴 수 없었다. 난 내게 닥칠 일을 스스로 처리해야만 했다. 집 뒤에 있는 덤불에 숨었고, 그날은 어둡고 매우 질척거리는 날이었다. 입고 있던 드레스를 머리까지 뒤집어써서 온 몸을 가렸다. 그래서 흰 살이 보이지 않게 하려는데 그들의 소리가 들렸다. 그들이 흩어져서 큰 횃불을 들고 샅샅이 살피고 있었다.

그리고 결국 나를 질질 끌고 갔으며, 때리고, 넘어뜨리고 안경도 내동이 쳤다. 반역 군인이 날 발로 차서 안쪽 치아가 모두 빠졌다. 신체적 고통과, 공포, 고문이 한꺼번에 몰려 왔고 그들은 날 다시 베란다로 데려가 벽기둥에 세우더니 그 중에 대장이 내 머리에 권총을 대고 "구원자라고 말해!" 라고 윽박질렀다.

그때 기도를 하고 있던 것도 아니고 그저 겁에 질려있었다. 하지만 한 가지 확실한 것은 그들의 말대로 하는 것은 사실이 아니라는 것이었다. 나는 "절대! 예수 그리스도만이 우리의 구원자야!" 라고 외쳤다. 그때 내 속으로는 그가 방아쇠를 당겨줬으면 하고 바랐다. 그들을 상대하느니 죽는 것이 더 편하고 쉬웠기 때문이다.

잡혀있던 간호사 중 한 명이 군인에게서 빠져나와 내 옆으로 뛰어오더니 "그 여자에게 손대지마" 라고 말했다. 그는 너무 처참하게 짓밟혔다. 나는 그들이 그를 죽일 것 같았다. 마치 축구공처럼 차댔다. 오랜 후, 그가 죽지 않고 부상을 회복했다는 것을 알게 됐다.

그 후, 그들이 나를 다시 집으로 데려다 주었고, 내 안의 모든 것이 이것은 사단이라는 것을 말하고 있었다. 그리고 집안의 짧은 복도를 지나며 마치 한편의 영화를 본 것 같았는데, 예수님과 캘버리 사이에 있었던 모든 일에 관한 것이었다. 그 중 가장 명백한 것은 예수님은 절대 저항하지 않았다는 것이다. 물론 많은 일이 일어났지만 제일 큰 한 가지는 예수님이 나를 위해, 구원을 알지도 모르는 날 위해 저항하지 않으셨다는 것이다. 그리고 그것은 나를 사로잡았다.

반군은 내 방으로 나를 끌고 갔다. 그곳에서 나를 취했다. 말하는 지금 이 순간도 기억이 난다. 나는 고통과 공포로 온몸으로 소리를 쳤다.

하지만 이상하게도, 그 와중에도 하나님이 나를 버리시

지 않았다는 것과 하나님이 주관하신다는 확신이 있었다. 내가 이해하지 못할지라도 멀리 저 편에서 하나님께서 목적을 가지고 하신 일이라는 것이었다.

나는 하나님께 무엇이든 하겠다고 오래전에 말씀드렸고 하나님께서 마치 '이렇게 힘든 중에도 나를 믿겠느냐? 믿을 수 있겠느냐? 무슨 일이 벌어지고 있는지 알고 있다. 그래도 나를 믿어라' 라고 말씀하시는 듯했다. 놀라운 것은 공포와 두려움 속에서도 평화가 찾아왔다는 것이다. 평정심이 두려움을 몰아내지는 못했지만 극복하게 해주었다.

그러더니 그가 옷을 입으라고 했다. 그 난폭하고 잔인한 폭군이 갑자기 부드러워진 듯했다. 아마 이해하기 힘들겠지만 그는 너는 내 아내라며 가장 좋은 드레스를 입으라고 말했다. 그날 밤 우리 트럭을 타고 떠났다. 나는 미혼 여성이었고 갈 곳이 없었다.

다음 날, 다른 소명이 생겼다. 나는 내 선배 선교사에게 가서 모든 것을 말해주고 싶었다. 그런데 문득 그들이 내 얘기를 듣길 원하지 않는다는 것을 알았다. "손 뗄래 난, 제발 말하지 말아줘" 하지만 난 그녀를 통해 하나님께 이야기를 해야만 했다.

나는 하나님께 "주님, 제가 지금 어디에 있습니까? 이건 너무 잔인하고 무서운 일이에요." 그러나 여전히 하나님은 위대했다.

나는 3일간 잠을 못 이뤘다. 낮이건 밤이건 그 생각이 머리를 떠나지 않고 나를 괴롭혔다. 그러던 어느 날 밤, 나는 미국인들과 시간을 꽤 보냈는데 한 미국인이 부인에게 "허니"라고 하는 것을 들었다. 난 감옥의 시멘트 바닥에 누워 하나님을 "허니"라고 불렀다.

유치하게 들리겠지만 다른 방도가 없었다. 난 "그래요 하나님, 제 남편이 되어주시겠다고 하셨잖아요. 진심이라면 지금 주님의 사랑을 깨닫게 해주세요."라고 말했다. 그리고 그날 난 주님의 팔이 나를 감싸는 것처럼 느꼈고 잠에 들었다. 내 주변에 있는 사람 중에선 그런 사람이 없었다. 난 아이처럼 푹 잘 잤다. 아침에 일어나 보니 고통이 사라졌고 하나님의 사랑이 임재하심을 느꼈다.

우리에게 콩고에서의 일들을 들려주던 헬렌은 계속해서 말하였다.

"28-30명의 개신교 선교사, 유럽에서 온 200명이 넘는 로마 가톨릭 신부와 수녀, 25만 여 명의 콩고 사람들이 살해 되었습니다. 저는 5달 동안 전쟁을 겪었고 대부분의 사람들은 5개월이 흐른 후 전쟁의 끝 무렵에 풀려났습니다. 제가 아는 한 선교사는 그녀가 죽기 전 2년 동안 감금 되었어요."

그렇게 헬렌은 5개월간 인질로 잡혀 감옥생활을 한 후, 1964년 12월

31일 석방이 되어 영국으로 돌아갔다. 헬렌이 5개월간의 감옥 생활 후에 다시 영국으로 돌아갈 수 있었던 것은, 25명의 구조대원이 헬렌을 비롯한 선교사들이 갇혔던 곳에 도착함으로 가능했던 것이었다. 5개월간의 긴 악몽은 완전히 끝나게 되었지만 헬렌은 자신이 살아있다는 것을 실감하기 어려웠었다고 말했다. 삶을 쉽게 받아들이기에는 너무 오랜 시간동안 죽음에 직면하였고 죽음을 예상하고 지냈기 때문이었다. 헬렌은 아무런 의식도 없이 혼돈된 상태에서 정상으로 돌아오는 것은 거의 10주가 걸렸다고 말해 주었다.

이후, 전쟁에서 반군들은 패하여 떠나게 되고, 콩고의 재건은 시작되었다. 그리고 영국으로 돌아갔던 그녀는 동역자들과 현지인들의 가슴 미어지는 편지를 읽고 1966년 3월에 콩고로 다시 돌아오게 되었다. 콩고를 향하신 하나님의 절절한 사랑이 그녀의 마음에도 있었기 때문이었다. 콩고로 돌아간 헬렌은 이후, 20여 년간의 콩고 사역을 마치고 1973년에 아프리카를 떠났다. 이후 그녀는 선교의 시급성과 필요성을 외치는 국제적인 강연자가 되었고, 현재까지도 저술과 강연으로 남은 생애를 주님께 드리고 있다.

헬렌을 알고 있는 선교사들은 아직도 네보봉고에는 헬렌의 사역 흔적이 남아 있으며 현재까지 그녀를 기억하고 감사의 마음을 표현하고 있다고 했다. 그토록 헬렌이 사랑했고 모든 삶을 바쳤던 콩고. 그곳에서 모진 아픔을 경험하면서도 떠나지 못하고 사랑과 헌신을 기꺼이 주었던 헬렌. 그리고 수많은 순교한 선교사들….

헬렌의 이야기를 듣는 동안, 우리는 상처와 눈물로 얼룩졌을 콩고 그곳이 더욱 궁금해졌다. 또한 그녀가 사역했다는 콩고의 네보봉고라는 지역이 궁금했다. 그리고 헬렌이 이름을 언급했던 함께 사역을 하다가 순교한 선교사들, 그들에 대해서도 더 알고 싶어졌다.

아프리카, 콩고의 땅을 밟다

아프리카, 콩고의 정식 명칭은 콩고 민주공화국이다. 중부 아프리카, 적도에 걸쳐 있는 아프리카 중에 세 번째로 큰 나라이다. 국가의 지도자는 대통령이며, 공식 언어는 프랑스어, 그리고 영어를 사용한다.

이곳 콩고의 땅은 지하자원, 특히 광물 자원이 많아서 여러 잠재적인 가능성이 많은 나라이나, 지하자원 개발은 서방 나라를 의존하기에 크게 경제에 기여하지 못하고 있다. 아직은 많이 가난하고 사람들의 교육 수준은 낮다. 게다가 이곳엔 내전이 끊이질 않고 나라 안은 불안이 가득하다. 사람들은 서로 사랑하지 못하고 때로 증오가 가득하였다.

이곳에서는 기독교를 주민의 70%(로마 가톨릭 50%, 그리스도교 20%)가 믿을 만큼 매우 크게 부흥하였으나, 그들의 신앙은 기존의 토착 신앙과 결합되어 혼합적인 종교 형태로 많이 나타나고 있다고 한다. 그래서 교회는 많아도, 그 교회들은 많은 문제들을 안고 있다.

하지만 콩고에 희망이 있는 것은 그 땅을 향하신 예수님의 사랑이 있다는 것이었다. 우리는 그러한 콩고에 가기로 결정한 것이고, 얼마 후 아프리카의 땅을 밟게 되었다.

헬렌의 주 사역지인 콩고의 네보봉고에 도착하기까지의 여정은 너무

콩고민주공화국 지도

도 험난했다. 무엇보다 콩고로 직접 가는 경로가 없었기에 우리는 남아프리카공화국을 거쳐 우간다를 경유해야 했다.

밤늦게 도착한 우간다 엔테베의 모습은 우리나라의 한적한 시골 기도원 같은 분위기였다. 사방은 어두웠고 우리가 숙박하기로 한 블루시스터 수녀원은 총을 가진 경비원이 지키고 있었다. 모든 것이 낯설었다. 수녀원이었기에 조그마한 소리에는 큰 실례를 할 것 같은 느낌이 있었기에 우리 일행은 조심해서 이동을 했다. 아쉽게도 수녀님의 이름은 잊어버렸지만 포근한 인상의 수녀는 이미 필립과 낸시로부터 우리의 이야기를 들었는지 친절하게 안내해 주었다.

가장 먼저 우리는 우간다의 수녀원에서 물부터 조심을 했다. 남아프리카 공화국에서는 그나마 이런 환경이 아니었기에 우리가 조심해야 할 일들은 이제 현실이 되었다. 그날 밤 모기장이 준비된 숙소에서 잠을 청하였으나 잠이 오지 않았다. 하루를 머무는 동안 우간다에서는 천둥을 동반한 굵은 비가 많이 내렸다. 우기의 마지막 시간들이 한창 진행 중이었다.

너무 많은 비가 내리고 있었기에 다음 날 콩고로 들어갈 길이 걱정되었다. 그러나 이럴 때일수록 무엇을 해야 하는지 우리는 너무나 잘 알고 있었기에 기도를 시작하였다. 하나님의 간섭 없이는 이 모든 여행도, 촬영도 어렵다는 헬렌 로즈비어와 에반 데이비스의 충고를 기억했던 것이다.

시차와 함께 이미 달아나버린 잠은 결국 이루지 못한 채 새벽을 맞이했다. 여전히 하늘은 천둥소리와 함께 굵은 비가 내리고 있었다. 하지만 하나님의 일하심을 기다려 보는 마음만은 기쁨이 넘치고 있었다. 지금도 남아 있는 기록된 필름을 보면 칠흑 같은 어둠에 빗소리만 담겨 있다.

드디어 우리가 출발하려는 아침 7시 즈음에, 비가 그쳤다. 우기임에도 불구하고 맑게 갠 하늘이 시원해 보이고 깨끗해 보였다. 마음까지 맑게 개는 기분이었다. 아마도, 헬렌과 우리를 위해 계속되는 많은 이들의 중보기도 덕분이었다.

블루시스터 수녀원에서 엔테베 공항으로 가는 길은 빅토리아 호수를 지나가야 가능했다. 넓게 바다와 같이 펼쳐진 빅토리아 호수. 경비행기에서 바라보기 전까지는 그 모습이 전부인 줄 알았다. 그러나 잠시 후에 공중에서 바라본 빅토리아 호수는 거대한 바다였다.

우리는 우간다에서 콩고로 가기 위해 경비행기에 몸을 실었다. 아침 일찍 엔터베 공항에서 MAF 선교사를 기다리는 시간은 좀처럼 가지 않았다. 아직은 낯설고 우리를 바라보는 우간다인들의 시선은 긴장감을 늦출 수 없게 만들었기 때문이었다.

엔테베 공항에서 기다리는 동안 우리가 만났던 사람들은 닳지 않았다. 몇몇의 선교사와 비즈니스 관계로 이동하는 듯한 사람들이 있을 뿐이었다. 그곳에서 우리나라 LG TV를 만난다는 것은 또 다른 자부심이었다. 그러나 한적한 시골 같은 느낌을 져 버릴 수 있는 우간다의 국제

우간다 블루시스터 수녀원에서 수녀님과 함께

공항. 그곳은 아프리카였다.

MAF 국제항공선교회

국제항공선교회(MAF)의 탄생은 제2차 세계대전이 한창일 때 몇몇 신실한 미국항공 크리스천 조종사들이 성경공부와 기도를 하던 중 2차 대전으로 폐허가 된 지역을 복구하고 전쟁을 통해 상처받은 자들에게 구호와 복음전파를 위해 비행기만이 유용한 도구임을 발견하고 비행기를 통해 복음을 전파한 결과 큰 효과를 보았다.

깊은 오지나 먼 섬에 도달하려면 통나무배나 노새를 이용해야 하기 때문에 엄청난 시간과 많은 장애가 있었는데 경비행기를 이용한 결과 시간단축과 현지의 병자들이 신선한 음식과 약품을 공급받을 수 있게 되었고, 선교사들이 자주 고립지역을 방문해서 복음을 효과적으로 전파할 수 있었다. 이렇게 시작된 항공선교회는 70년의 역사를 가지고 귀한 사역을 감당하였다. 남아메리카의 아마존 정글과 아프리카 난민들의 식량문제를 가장 먼저 세상에 알렸고, 파퓨아뉴기니에서는 선교사들을 잡아먹던 식인종들에게 비행기로 날아가서 복음을 전한 결과 그들이 성경교사가 되는 놀라운 결과를 비롯해서 복음전도, 의료선교, 구제 등의 사역을 하고 있다. 미국 국제항공선교회(Mission Aviation Fellowship of America)는 미국 캘리포니아주 래드랜드시에 본부를 두고 37개 국가의 정글과 섬에 138대의 경비행기와 헬기를 이용하여 560여 조종사 가족과 3천여 보조 선교사들이 선교사역에 동참하고 있다.

경비행기에서 바라본 정글

　비행하는 경비행기 아래로 보이는 밀림의 모습은 마치 브로컬리(이 브로컬리라는 말은 나중에 버니아에서 만났던 낸시 우드가 우리에게 비유로 설명한 것이다)와 같았다. 아프리카 최고의 밀림다웠다. 끝없이 펼쳐져 있는 것 같아 보이는 저곳에 사람이 있다면, 아마도 문명세계로 빠져나오지 못할 것이라는 생각은 틀리지 않을 것이라고 생각했다. 적도에 위치한 콩고는 아프리카 정글의 대부분을 차지하고 있다. 우간다 엔테베에서 버니아까지 1시간, 그리고 버니아에서 네보봉고까지 1시간이 걸렸다. 버니아에서 네보봉고까지 가는 1시간 동안 오직 정글만 보았다. 너무나 광범위한 정글의 위엄에 굴복할 수밖에 없을 것 같았다. 시간이 경과 할수록 하나님의 창조하심에 경이로움만 느낄 뿐이었다. 작은 경비행기는 5명을 태우고는 기도와 함께 출발했고 내비게이션에 의지하여 넓은 아프리카 창공을 가로지르고 있었다.

드디어, 헬렌 선교사의 사역지인 네보봉고에 도착했다. 네보봉고는 정글 한가운데 있는 곳이었고, 활주로는 나무를 모두 베어낸 곳이었다.

비행기가 착륙한 그곳에는 사람들이 많이 나와 있었다. 우리의 방문 소식을 듣고 미리 나와 있는 분들도 있었지만 이곳의 주민들은 비행기 소리만 나면 하던 일을 멈추고 모두 활주로로 달려간다고 했다. 낯선 이들의 방문이 그들에게는 또 다른 즐거움인 동시에 친밀함의 표시였다. 그러나 우리는 너무나 놀랐다. 이곳까지 이동하는 동안 주민들이 우리를 기다린다고는 꿈에도 생각하지 못했기 때문이다. 하지만 경비행기에서 내리자마자 현지 선교사인 맛디아와 사빗나 호머가 우리에게 다가와 당신들을 위한 환영행사라고 말해 주었다. 너무 당황하여 카메라를 잡았지만 흔들리고 무엇부터 촬영해야 할지 허둥거릴 뿐 할 수 있는 일은 없었다. 지금도 생각해 보면 아마추어임을 여실히 증명해 주는 행동들이었다.

비행기에서 내린 우리 일행, 그곳에 나와 있던 남자들이 우리를 보자마자 기도를 해주었다. 들은즉, 그들은 모두가 이 지역의 지도자와 목회자들이라고 했다. 그리고 흰옷을 입고 찬양을 하면서 맞이해 주는 이들이 있었는데, 그들은 간호학교 사람들이었다.

흰옷을 입은 사람들이 손뼉을 치며 노래를 불러 주었는데 이들의 기도와 환영의 노래는 생각지도 못한 우리에게 큰 힘이 되었다. 이는 긴 여행에 지친 우리 일행을 위한 하나님의 예비하신 위로가 아닐까 라는 생각이 들기에 충분했다.

우리는 이곳에 오기 전에 영국 CTA에서 제작하고 BBC에서 1989년 방영했던 "마마루카 컴스 홈"이라는 비디오를 보았다. 내용은 헬렌 로즈비어와 함께 네보봉고를 방문하여 그의 사역을 재조명한 내용이었는데 그때도 많은 원주민들이 나와 환영하는 장면이 있었다. 그 장면을 이곳에서 직접 다시 보니 신기한 기분이 들어 나중에는 웃음이 지어졌다.

눈앞에 가득 찬 사람들, 이들은 바로 헬렌이 평생을 바쳐 섬겼던 네보봉고 사람들이었다. 네보봉고 사람들은 여전히 헬렌 로즈비어를 기억하고 있었다. 이곳에서 그녀가 얼마나 큰일을 했는지, 얼마나 많은 사랑을 베풀었는지, 또 얼마나 하나님께서 그녀를 귀하게 쓰셨는지, 우리는 알 수 있었다. 헬렌과 네보봉고의 사람들, 이들의 관계를 잘 말해주는 예가 있는데 헬렌 로즈비어가 고난 가운데 있을 때의 일이었다.

반군들은 선교사들을 핍박하는 동시에 자신들이 하고 있는 일에 대한 합법적인 이유를 찾기위해 분주했다. 그렇게 한 이유는 여러 가지 있었겠지만 특별히 책임에서 벗어나기 위한 그들 나름대로의 방안이었다.

그 중의 한 방법은 '주민 재판소' 에서 심판하고 자신들이 했던 일에 대한 동조를 주민들에게 구하는 것이었다. 헬렌을 비롯한 많은 사람들은 '주민 재판소' 로 불려갔다. 주위에는 무장한 군인들이 위협적인 자세로 둘러싸고 있었기에 모두 두려움에 있었다. 버니아 공항에서 만났던 군인들의 눈빛이 그때의 눈빛이라면 아마 나 역시 매우 큰 두려움에 있었을 것은 분명했다. 그만큼 그들의 눈빛은 매섭고 차가웠다. 반군들은 헬렌을 비롯한 선교사들과 교회의 리더들이 모두 죽기를 바라고 있었다. 그래서 어떤 말을 할 때마다 "죽여 버려라!" 라는 선정적인 구호를 외치도록 유도했다. 때문에 이곳까지 끌려 올 때 이미 부상을 입은 헬렌에게 주민 재판소에 서 있는 그 순간은 이루 말할 수 없는 절망의 상황이었다. 헬렌은 이 자리가 이제 자신이 죽어야 할 자리임을 느끼고 있었지만 어떻게 죽어야 되는지 알 수 없었다. 그런데 그 순간 사람들의 흐느낌이 헬렌의 귓가에 들려오고 있었다. 매우 위험하고 긴장된 장소였지만 헬렌의 귀에 들려오는 건 수백 명이 넘는 군중들의 울음소리였다. 흐느끼며 울고 있는 그들은 헬렌이 자신들을 사랑으로 섬겼고, 힘들어 할 때 수술해 주었으며, 아기들이 출생하는데 도움을 주었던 희생의 여인이었던 것을 기억하고 있었던 것이었다. 그러한 헬렌이 자신들의 눈앞에서 고통스런 모습으로 서 있는 현실 앞에 눈물을 감추지 못했던 것이었다. 헬렌은 나중에 고백하기를 "그때 나는 고통 스러웠지만 너무나 행복했다."고 표현하였다. 이러한 감동적인 사연이 시간이 흘러갔어도 헬렌과 네보봉고 주민들에게 아직도 남아있었다. 불과 몇 개월 전만 하더라도 아무런 관계가 없었던 헬렌 로즈비어. 그리고 이곳의 사람들. 내일 일을 알지 못하는 인간의 생각으로 계획할 수 없는 일들이 지금 일어나고 있는 것이었다. 콩고의 깊은 정글에서 우리는 그렇게 그곳에 있었다.

정글에서 외부로 나오기는 쉽지 않다. 우리가 상상하는 것 이상으로 위험하고 불편하다. 그래서 공중에서 바라보면 넓은 정글위에 활주로가 있는 곳이 몇몇 보이는데 그곳이 세상과의 연락을 취할 수 있는 센터 역할을 하고 있다. 따라서 활주로가 있는 것은 그 지역에서 큰 특권이었다. 활주로는 세상과의 연결 통로. 그 사실을 헬렌 로즈비어는 알고 있었다.

이곳의 활주로는 그녀가 있을 때 만들었다고 했다. 그리고 그곳을 떠날 때 이 활주로에서 환송행사가 있었다. 아침 일찍 일출 장면을 촬영하기 위해 활주로에 나왔는데 마을 주민들이 교대로 새로 돋아난 풀들과 주변들을 정리하고 있었다. 정글이라 매일 관리하지 않으면 어느 새 자

네보봉고의 활주로

란 식물들 때문에 곤란을 겪게 되기 때문에 활주로를 정리하는 일은 마을에서는 매우 중요한 일에 속하고 있었다.

마을의 풍경은 평온이라는 그림으로 가득 채워지고 병원에는 간간히 기도하는 모습이 보였다. 얼굴에서 평안함이 있었고 자신들이 무엇을 해야 하는지를 알고 있었다. 이곳 사람들은 진심으로 하나님의 사랑을 느끼며 살고 있는 듯했다.

헬렌이 사역했던 병원은 매우 중요한 역할을 감당하고 있었다. 그곳엔 세월이 흘러 새롭게 지어진 건물들도 있었지만 아직도 헬렌이 사역

네보봉고의 헬렌 로즈비어 집

했던 당시의 건물들이 남아 있었다. 헬렌의 집도 남아 있었다. 지금은 그곳을 수술실로 사용하고 있는데, 주민들은 집의 입구에 헬렌의 이름을 기록해 두고 있었다. '마마루카' 헬렌 로즈비어의 닉네임이었다.

우리는 네보봉고에 도착해서 짐을 옮기자마자 제일 먼저 부족 어른들을 만났다. 현지 선교사인 맛디아와 사빗나호머는 반드시 이 절차를 거쳐야 촬영이 순조로울 것이라고 우리에게 조언을 해 주었다. 이미 알고 있었지만 얼굴을 직접 대면하여 우리가 방문한 목적을 상세히 전해들은 마을 지도자들의 도움으로 헬렌 로즈비어의 사역을 자세히 돌아볼 수

네보봉고의 병원 안내 표지

있었다. 그들은 우리를 만나러 올 때 자신들이 간직하고 있는 물건들을 가지고 왔다. 한결같이 헬렌이 남겨주었던 것이라면 소중히 다루고 있었다. 어떤 분은 헬렌 로즈비어와 함께 있었던 자신의 부모님 사진을 매우 귀하게 보관하고 있었는지 우리에게 보여 주었다. 그들이 헬렌 로즈비어를 어떻게 생각하고 있는가를 알 수 있는 한 단면이었다.

네보봉고의 곳곳에 그녀의 흔적들. 세상과 닫혀 있던 이곳 네보봉고에 병원이 들어서고 교회가 생기고, 그곳에서 하나님을 예배하고 사랑을 배우고 나누게 된 이곳 사람들. 이 모든 일들이 열매를 맺기까지 오

헬렌 로즈비어와 함께 한 빛바랜 사진

랜 인고의 시간이 필요했음을 알기에, 참으로 귀하다는 생각이 들었다. 말씀의 씨앗이 떨어져 싹이 나고 열매를 맺기까지, 또, 이곳에 주의 몸된 교회가 세워지고 주님의 사랑으로 섬기는 병원이 그 사명을 감당하기까지, 얼마나 많은 선교사들의 눈물과 기도가 있었겠는가! 그 피 흘림의 희생은 어찌 다 말할 수 있겠는가!

우리가 네보봉고에서 머무는 동안 가장 도움을 주었던 분은 독일인 선교사 부부 맛디아와 사빗나 호머였다. 맛디아는 과거 독일이 통일되기 전 분단 상태였을 때 서독 출신이었고 사빗나 호머는 동독 출신이었다.

이들은 맛디아가 아프기니스탄에서 의료 선교를 하고 사빗나가 우간다에서 간호 사역을 하면서 만나게 되었다. 그 후 기도 가운데 사역지를 콩고로 정하게 되고 2009년부터 헬렌이 사역하던 네보봉고어서 의료 선교를 하고 있었다.

그들은 매우 친절하게 우리를 도와주었다. 더구나 생각지 않았던 경비지출이 있어서 어려움을 겪고 있을 때 그들은 자신들의 선교비용에서 우리에게 일시적으로 사용할 수 있는 경비를 빌려 주었고, 나는 한국에 돌아와서 그들에게 갚아 줄 수 있었다.

그리고 네보봉고에 도착한 첫 날 우리는 헬렌 로즈비어의 가장 친한 동역자였고 그의 제자였던 존 망가디마를 만날 수 있었다. 그는 이제 매우 나이가 들어 있었으나 건강해 보였다. 그는 그 날 우리에게 자신이 경험한 헬렌 로즈비어에 대하여 설명해 주었다.

하지만 그 전에, 나는 헬렌 로즈비어가 쓴 자신의 책 "이산지를 내게 주소서"에 나오는 한 부분을 잠시 언급하고자 한다.

나는 다섯 시 삼십 분에 병동에서 하루를 시작했고 밤 열
시 삼십 분이 되어서야 사무실에서 겨우 일과를 마쳤다.
게다가 환자들은 툭하면 밤에 나를 불러 댔다. 응급 상황
들이 가뜩이나 꽉 찬 일정에 끼어들었고, 진을 완전히 빼
는 괴로운 수술도 있었다.

이런 날들이 반복되자 아침에 하나님과 홀로 대면하는
경건의 시간을 통해 받았던 신선한 힘과 격려와 인도가
소진되어 갔다. 물론 나는 하루 일과를 시작하기 전에 45
분씩 교회에서 성경공부를 인도하고 있었기 때문에 말씀

존 망가디마와 함께, 왼쪽에서 4번째, 5번째는 맛디아 선교사

을 배우고는 있었다.

그러나 그것도 기계적인 것이 되고 말았고 기쁨은 사라졌다. 백인이든 흑인이든 누군가와 기도로 교제하고 싶은 욕구도 희미해졌다. 육체적 피로가 영적인 적신호와 직결된다는 사실을 겪어 본 사람이라면 이 현상을 잘 알 수 있을 것이다. 그런데 바로 이 피로감은 일꾼이 부족하기 때문에 과로할 수밖에 없는 선교사들이 당면한 문제로 인한 것이기도 했다.

마침내 나는 사소한 일들에 짜증이 나기 시작했다. 하루는 목요일로 기억한다. 오전 아홉 시에 안과 진료를 하고 있었다. 실내를 정돈하고 어둡게 한 다음 도구들을 꺼낸 후 두 명의 환자를 받았다. 그들이 가고 난 후에 나는 커피를 마시면서 기다렸다. 그러자 다음 환자가 들어왔다. 그리고 그 환자를 보내고 나서 한참을 기다렸는데도 환자가 오지 않아 모든 것을 치우고 회진 갈 준비를 했다.

정오쯤 되었을까? 누가 할머니 한 분을 우리 집 베란다로 데려다 주었다. 우리 집에서 일하는 남자 아이가 오더니 그 할머니 눈을 검사해 주면 좋겠다고 말했다. 나는 신경질이 나서 어디에서 오셨느냐고 물었다. 그런데 그녀는 바로 옆 마을에서 왔다고 하는 것이었다. 나는 진료가 아침 아홉 시부터인데 시간 맞춰 올 수도 있는 사람이 왜 늦었냐고 하면서 다음 주에나 오라고 했다. 그러고는 점심을 먹었다.

잠시 후 나의 수석 보조 간호사인 존 망가디마가 찾아왔다. 그는 안타까워하면서 왜 그 할머니를 그냥 돌려보냈느냐고 나를 책망했다.

"그 할머니가 맹인인 것을 모르셨나요? 그 할머니는 아침 내내 길가에 서서 누군가 자신을 그리스도인 의사에게 데려다 주길 기다리고 있었어요. 그리스도께서는 바로 그 할머니 같은 사람을 위해 돌아가신 것 아닌가요? 그런데 선생님은 그 할머니를 매몰차게 돌려보냈어요. 어떻게 그러실 수 있죠?" 나는 그 후로는 언제 누가 오든, 주님의 이름으로 주님을 위해 당신의 사랑과 친절과 예의를 사람들에게 보여 줄 수 있게 해 달라고 기도했다.

헬렌 로즈비어는 이때 존 망가디마의 말을 듣고 그의 집으로 찾아가 무릎을 꿇고 잘못했다는 고백을 했다고 했다. 사실 망가디마는 그 사건을 지금도 기억하고 있었다. 이미 책에서 보았던 그 내용을 간증하는 망가디마를 보면서 나는 알 수 있었다.

헬렌 로즈비어는 진정으로 하나님의 사랑을 실천할 줄 아는 사람이었고 주님의 일을 아는 이였다. 망가디마는 자신이 지금까지 많은 선교사들을 만나 왔지만 이렇게 겸손한 선교사는 본 적이 없다는 말로 헬렌 로즈비어를 설명해 주었다.

순교자들의 흔적을 더듬어 이른 그곳

이번 작품에 있어서 가방의 주인공을 찾아가는 스토리와 함께 가장 중요한 부분은 순교자들과 관련한 것이었다. 그래서 에반 데이비스를 만났을 때도 순교자들에 대한 정보를 요청했었고 가능하다면 그들이 순교한 현장으로 가고 싶다고 했었다. 이러한 요청은 맛디아와 사빗나 호머에게도 연락이 되어 있었다.

우리는 헬렌과 함께 했던 순교자들의 흔적을 찾아 나섰다. 이곳의 유일한 교통수단인 오토바이로 이동하였다. 길이 좋지 못해서 차가 다니지 못하고 있었다. 처음, 왐바에 가려던 우리의 시도는 좌절되었다. 우리의 촬영에 대한 이곳 정부의 반대와 군인들로 말미암은 위험 요소 때문이었다.

들기론, 석 달 전 우리나라의 직급으로 치면 중령급 정도 되는 콩고의 장교가 장병들의 월급을 횡령하는 사건이 발생했다고 했다. 그로 인하여 불만을 품은 군인들이 길을 막고 지나가는 사람들에게 돈을 요구한다는 것이었다. 무엇보다 그들은 총을 가지고 있기 때문에 무슨 일을 어떻게 할지 몰라 안전을 보장하지 못한다고 했다.

그리고 정부의 허가 문제도 있었다. 첫 번째 시도가 있었는데 네보봉고에서 오토바이로 30분정도 이동하다가 이밤비에서 더 이상 나아가지 못했다. 우리의 행동 하나하나는 정부에 보고되고 있음을 그떠 알게 되었다.

다음의 글은 그곳에 있을 때 쓴 글의 일부이다.

콩고라는 나라의 특징은 질서가 없다. 2년이 지났지만 저 사람이 어떤 사람이고 과연 무슨 일을 하는 사람이며, 지금 이 곳이 무엇을 하는 곳인지도 모른다는 낸시의 말과 이곳이 콩고라는 말에 모든 것이 담겨 있다.

이곳은 서로의 불신에 벽이 매우 높다. 믿지 않는다. 네보봉고와 매우 가까운 지역에서 있었던 일인데 한 사람의 아내가 죽자 그의 두 번째 부인이 독살하였다는 것을 주민들이 믿었다는 것이다. 그 이유는 점술사가 그렇게 이야기했기 때문이다. 이곳은 토속신앙이 뿌리를 깊이 내리고 있다. 그래서 복음을 받아들였지만 내면 깊은 곳까지 변화를 시키지 못하고 있다. 어떤 면에서는 그들 스스로도 믿는다고 하지만 믿음이 없다고 설명할 수 있다. 마치 교회 안에 불신자가 있는 것과 동일하다고 할 수 있다.

이곳은 콩고 북쪽 정글의 한가운데 있는 네보봉고이다. 지금이 새벽4시, 한국시각으로 12월 3일 오전 11시 5분이다. 밖에서는 닭 울음소리와 정글에서 나는 각종 벌레들의 소리가 가득하다. 이제 5시 45분경이면 우리 팀은 왐바로 향한다. 이미 차는 다닐 수 없으므로 오토바이를 타고 갈 것이다. 이곳에서 55km 떨어진 왐바로 가기가 어려울 것이라는 것을 예상은 했지만 이런 현실에 당면하니 정말 콩고라는 나라는 다시 생각하게 된다. 어제 맛디아스 부부 인터뷰를 통하여 콩고인의 가엾음을 서로가 인식하며 기도하기로 했는데 정말 아쉬운 마음을 감출 수 없다. 우리가 왐바로 가는 것이 쉽지 않을 것임을 에반 데이비스와 헬렌 로즈비어, 필립 낸시 우드가 이미 알려 주었다. 그 이유는 날씨가 좋지 않으면 못간다는 것과 이미 길이 끊어져서 차는 갈 수 없고 오토바이를 타야 한다는 것이다. 더구나 끊어진 길로 인하여 카누로 옮겨 타야 한다. 그곳에는 악어가 있다. 그리고 가장 위험한 일은 무장한 군인이 중간에 있다는 것이다. 그들이 무슨 일을 벌일지는 아무도 모른다는 것이었다. 버니아에서 5시 이후에 외부로 나가지 못했다. 그 이유는 무슨 일이 일어날지 모르기 때문이었다. 이처럼 군인은 가장 위험한 요소였다. 굶주린 야수처럼 보인다. 그들은 행정력이 미치지 못하는 상황에 있다. 최근에는 높은 위치에 있는 한 사람이 병사들에게 지급해야 할 월급을 횡령하였다. 그로 인하여 병사들은 더 위험한 일을 한다는 것이었다.

어제 우리는 스터드의 무덤을 다녀왔다. 그리고 50년이 지난 선교사들의 집에서 식사를 했다. 이시로로 우리의 신원을 알리러 간 사람을 기다려야만 했다. 왜냐하면 지방정부의 동의가 없으면 우리의 안전을 보장할 수 없기 때문이었다. 그러나 그는 돌아오지 않았다. 현재 콩고는 1989년 마마루카가 제작된 시기보다 더 후퇴하였다. 모든 면에서 어려움이 산적해 있다. 결국 우리는 네보봉고로 다시 돌아올 수 밖에 없었다. 그리고 병원을 돌아보았고 여전히 마마루카의 존재를 기억하는 사람들을 만날 수 있었다. 그리고 간호병원을 돌아보았다. 간호병원 앞에는 넓은 광장과 같은 풀밭이 있다. 이곳에는 젊은 청년들이 축구를 하고 있었다. 아프리카의 희망을 보았다. 아니 콩고의 희망을 보았다.

이제 2시간 후면 다시 왐바로 떠난다. 왐바로 가는 이유는 가서 알게 될 것이다. 이렇게 위험한 길을 가는 이유를 알게 될 것이다. 우선 가는 길에 험한 정글을 만나게 될 것이다. 그리고 끊어진 길 때문에 카누로 오토바이를 싣고 반복하기를 2번을 해야 할 것이다. 우리를 위하여 맛디아스는 이시로로 약 6시간을 걸쳐 오토바이를 타야 할 것이다. 그리고 우리 역시 55km 떨어진 왐바로 가기 위하여 5시간에 걸쳐 오토바이를 타야 할 것이다. 또한 3사람이 운전을 하고 1사람이 우리의 신원을 확인해 줄 것이다. 그곳에는 우리를 기다리는 사람이 있다. 아이버 데이비스를 기억하는 사람을 만날 것이고 당시의 선교사 핍박 현장을 기억하는 사람을 만날 것이다. 그들의 과거 식민 시대에 당한 아픔이 그대로 들어난 과거를 기억하면서 선교사들의 노력을 담아 볼 것이다.

어제 저녁 김대학 전도사와 함께한 선교사들에게 이야기했다. 우리가 왐바로 가는 길이 이렇게 힘든 것과, 계속 거절당하는 것은 하나님의 뜻, 사단의 방해 2가지 중의 한 가지일 것이다. 그리고 우리의 마음은 하나님의 뜻에 움직일 것이라고 했다. 나는 이 시간 매우 평안하다. 그리고 무사히 다녀와야 할 이유가 하나 더 생겼다. 존 망가디마가 부탁한 편지를 헬렌 로즈비어에게 보내야 한다. 하나님께서는 그렇게 일을 하신다.

그 전날 맛디아와 사빗나 호머 선교사가 내심 왐바까지 가는 것을 원치 않고 있음을 나는 알고 있었다. 물론 우리의 안전 때문임은 분명했다. 통역을 하는 김대학 전도사도 가지 않기를 원하는 것이 저분들의 마음이라고 나에게 전달해 주었다. 그때 나는 생각했다. 내가 이곳까지 왜 왔는가? 이곳까지 와서 꼭 가야 할 곳을 가지 못한다면 무슨 의미가 있

겠는가? 과연 주님께서 이 길을 막으시는 것일까? 나에게 필요한 것은
기도였다. 그때 맛디아와 사빗나 호머에게 이야기했다. 저에게 하루의
시간을 주시면 좋겠습니다. 기도 후에 결정을 하겠습니다. 그들은 나의
계획을 믿고 기다려 주었다. 이른 새벽 주님과의 깊은 교제는 정글 속.
독일인 선교사 부부의 숙소 외부에서 들려오는 벌레소리와 함께 들렸
다. 가야만 했다. 가면 꼭 중요한 일이 있을 것이고 우리가 생각지 못한
일들이 있을 것임을 느낄 수 있었다. 또한 왐바에 있는 교회와 콩고인들
은 우리가 올 것이라는 것을 알고 기다리고 있었다.

　다음날 새벽 "가야 하겠습니다." 라고 이야기 했다. 이 말이 떨어지자

정글을 지날 때 건너간 강에서의 원주민

마자 맛디아는 우리를 위한 준비를 계획대로 진행했다. 그렇게 왐바로 떠날 수 있었다.

우리는 정글을 총 8시간 30분에 걸쳐서 오토바이로 이동했다. 우리가 간 곳은 이밤비와 순교지 '왐바' 였다. 왐바까지 이르는 길은 매우 위험했다. 반면 이밤비는 네보봉고처럼 잘 정리된 곳이었다. 선교사들의 사역이 구체적으로 열매를 맺은 곳이었다. 지금도 그곳에서는 성경번역이 계속되고 있었다. 그리고 성경학교가 개설되어 많은 콩고인들이 학습을 하고 있었다. WEC 선교회에서 이밤비는 특별한 곳이었다. 창시자 C.T Studd가 이곳에서 사역을 하였고 그의 마지막 생애는 이밤비였기 때문이다. 이밤비에서 왐바로 가는 도중, 길이 끊어져 우리는 카누를 이용해서 2개의 강을 건너야 했다. 강에는 악어가 살고 있었다. 얼마 전에도 한 사람이 목욕을 하다가 악어에 물려 사망했다는 이야기를 들었는데 정말 그 강은 두려움을 주기에 조금도 모자람이 없었다. 깊은 강물은 먹으로 가득찬 물병 같았고 그 색깔이 두려움으로 다가왔다. 카누가 갑자기 옆으로 넘어질 것 같았기에 수영을 못하는 나로서는 아무 생각도 할 수 없었다.

그동안 그저 영화 속에서만 보았던 곳을 우리는 헤쳐가야만 했다. 얼마 전까지만 해도, 우리가 악어가 사는 강을 건너고 원시의 모습을 그대로 간직하고 있는 깊은 정글 속을 통과하게 될 것이라고 누가 상상이나 했었을까! 가방이 찍힌 사진 한 장으로부터 이 모든 일들이 시작되고 펼쳐질 것이라고 어찌 짐작했겠는가!

모든 촬영을 마치고 돌아가기 위해 또다시 이 길을 지나야 했을 때에는, 어둠이 이미 깊게 내려 앞을 분간할 수 없었다. 정글에서 가장 위험한 요소는 어둠과 비라고 했는데, 어둠 속의 흑인 원주민이 때때로 두려움으로 다가오기도 했다.

그래서 3대의 오토바이로 이동하는 우리 여섯 명은, 그저 아무런 말 없이 우리의 목적지에 무사히 도착하기만을 기도해야 했다.

순교자의 흔적을 찾아가는 것뿐인데. 우리는 이토록 두렵고 힘에 겨웠다. 하지만 이곳에서 평생을 바치고 순교까지 했던 그들은 지금 우리가 지나는 이 길을 어떤 마음으로 걸었을까. 그 마음이 "잊혀진 가방"에 담겨 있을 것 같았다. 그들은 어떻게 편안하고 안전하던 고향 땅을 떠나 그 모든 안락함을 버리고 힘겹고 어려운 이곳까지 왔던 것일까! 그리고 기꺼이 그 모든 걸 끌어안았었던 것일까! 무엇 때문에 자신의 삶과 생명까지 내던질 수 있었을까! 평범한 사람이라면 마땅히 두려워하고 피하고 싶었을 이곳이었을 텐데… 하지만 조금은 알 수 있을 것 같았다. 그들 안에 있던 사랑은 결코 우리 안에 있던 것이 아님을, 우리 역시 그리스도의 사랑을 누리며 그 사랑 안에 거하는 자로서 알 수 있는 것이었다. 그들의 마음 안에는 우리를 위해 십자가를 지시며 기꺼이 골고다를 오르셨던 그리스도의 마음이 있었다.

그들의 희생은 그들이 행한 것이 아니요, 그들 안에 계신 주님께서 희생의 사랑을 콩고의 수많은 영혼들에게 준 것이요, 그들의 헌신은 그들이 행한 것이 아니요, 그들 안에 살아계신 주님께서 순교자들을 통해 콩고의 잃은 영혼들을 섬기신 것이었다.

어느덧 우리 일행은 순교지, 왐바에 도착했다. 헬렌과 다른 지역에서

아이버 데이비스와 가족사진, 가운데 아기가 에반 데이비스

끌려온 선교사들은 이밤비로 끌려가 5주 동안 감금되어 있었고, 또다시
왐바로 옮겨졌다고 한다. 그리고 이곳에서 선교사들은 순교를 하게 되
었다.

수많은 선교사들이 목숨을 잃었던 왐바, 이제는 이곳 마을의 분위기
는 평화롭고 한적하기만 하다. 하지만 군인들이 많아서 그런지 이방인
들에게는 쉽지 않는 마을이었다. 그들의 눈은 항상 우리를 바라보고 있
었다. 무엇인가 요구하는 눈빛으로 우리의 시선을 마주하고 있었다. 하
지만 조금 후 이곳에서 일어난 일을 생각하면 감사의 마음뿐이었다. 정
글을 지나 이곳까지 오는 동안 매우 어려웠고 사진 속 가방의 주인을 직

분홍빛 꽃잎이 내려앉은 곳에서의 인터뷰 - 왐바

접 만날 수는 없었지만, 이곳에서 아이버 데이비스의 흔적을 찾게 되었던 것이다.

아이버 데이비스는 이곳에서 설교를 하였고 잠시 머물렀었다고 마을 주민들은 이야기해주었다. 그리고 가방의 사진을 보여주자 알고 있다고 했다. 아이버 데이비스의 가방은 1931년에 이곳에 있었다고 했다. 분홍빛 꽃잎이 내려앉은 나무 그루아래서 이를 인터뷰 해주는 장면은 지금도 잊을 수 없다.

그들은 아이버 데이비스 뿐만 아니라 그의 아들도 기억하고 있었다. 이곳에서 아이버의 아들 에반 데이비스가 태어났다.

세워진 교회는 아이버 데이비스의 동생인 데이빗 데이비스가 설립한 교회였다. 교회에는 오피엔지에서 개척사역을 하고 있던 아이버 데이비스가 자주 방문하여 설교도 하고 함께 잠시 머물기도 했다고 했다. 현재도 많은 교인들이 예배를 드리고 있으며, 교회 앞에는 데이빗 데이비스와 그의 아내가 잠들어 있는 무덤이 있었다.

신기한지 우리를 따라다니는 교회 옆 학교 학생들의 모습과 낯선 이방인의 모습에 그들은 즐거워하였다.

처음 여정의 원인이 되었던 아이버 데이비스의 가방은 몇 십 년이 흐른 지금 다시 그 자리에 사진으로 찾아온 것이었다. 아이버 데이비스의

데이빗 데이비스와 그의 아내

주 사역지 오피엔지는 갈 수 없었다. 식인종이 살았던 곳. 그래서 더욱 가고 싶었던 곳. 현재도 교회가 남아 있는지 궁금한 곳. 그러나 하나님은 그곳을 허락하지 않으셨다. 반군들이 점령해 있기 때문에 무리하다 간 우리의 목숨은 위태로울 것이 뻔했기 때문이었다. 고립된 그곳을 언젠가는 가 볼 수 있으리라 생각해 보지만 쉽지 않을 것은 분명했다. 하지만 언젠가 세월이 흘러 꼭 그 자리에서 아이버 데이비스가 사역한 교회들을 필름에 담아야겠다는 생각은 어쩌면 필연적이지 않을까라는 생각이 들었다.

우리는 내전 당시에 헬렌이 갇혔다고 하는 감옥에도 가보았다. 하나님께서는 처음엔 촬영을 허락지 않았던 정부 관료의 마음을 움직여 주셨고, 그로 인해 우리는 현재도 감옥인 그곳에 직접 들어갈 수 있었다.

감옥의 건물은 무너져 있었다. 하지만 지금도 죄수들이 가끔 수감되고 있다고 하였다. 허름한 건물에 무거운 철문을 힘겹게 열면 헬렌이 갇혔던 장소가 보였는데, 우리는 헬렌을 비롯한 선교사들이 갇혔던 감옥에 들어가 그 자리에 앉아 보기도 했다. 칠이 벗겨진 벽과 차가운 바닥이 서늘한 느낌을 주었다.

헬렌은 이곳에서 그녀의 동료들을 잃었고, 그녀가 섬기고 사랑했던 콩고인으로부터 처절한 고통을 당했다. 그러나 그녀의 마음 안에 있는 사랑은 결코 시들지 않았고 꺼지지도 않았으며, 여전히 그녀의 안에서 살아 있었다.

여성 혼자의 몸으로 이곳에서 5개월 동안 갇혀있었을 때, 그녀는 혹독한 환경으로 인한 고생보다는 마음의 고통이 더욱 그녀를 힘들게 했

헬렌 로즈비어가 갇혀 있던 감옥에서

을 것이라는 생각이 들었다.

헬렌은 당시의 상황에 대하여 우리에게 이렇게 고백했다.

"머릿속에는 앞으로 그들이 우릴 어떻게 할지에 대한 생각뿐이었습니다. 앞으로 겪게 될 일들은 지금 겪는 것보다 험한 일들이 될 것이기에 저는 두려웠습니다. 그들은 무자비한 폭력을 가했어요. 우리는 쓰러지고 길바닥에 던져졌습니다. 우리 모두가 죽게 될 것이라고 생각했어요. 구출될 거라고는 생각지도 못했습니다."

헬렌은 살 소망이 끊어진 극심한 절망에 사로잡혔었다. 그러나 하나님께선 그런 그녀를 건지셨고 오늘날 순교자들의 희생을 증거하게 하셨다.

이방선교에 있어 위대한 일을 했던 담대한 복음전도자 사도 '바울'의
고백이 떠올랐다.

콩고를 위해 모든 걸 감내하기로 한 사랑이라 해도, 헬렌을 비롯하여
순교한 그들 모두는 나약한 한 인간에 불과했다. 아픔과 고통을 느끼고
두려워하며 때로는 슬퍼하기도 하는… 다만, 헬렌을 비롯한 그들에게는
그 모든 나약함과 인간적인 이기심을 뛰어넘게 하는 강한 사랑이 그들
의 마음을 지배했을 뿐이었다.

우리 일행은 헬렌이 갇혔던 감옥을 떠나 선교사들이 목숨을 잃었던
장소에 이르렀다. 그곳엔 흐르는 강이 있었다. 헬렌이 2차 사역을 하기
위해 콩고에 돌아왔을 때, 함께 왔던 '빌 맥체즈니' 그를 비롯한 헬렌의
동료 선교사들은 모두 이곳에서 순교했고, 이 강에 버려졌다.

순교자들이 버려진 강. 지금은 세례 장소로 쓰이고 있다

〈맥체즈니의 시〉

만약 그가 하나님 되시고 나를 위해 죽으셨다면

죽을 수밖에 없던 내가 어떤 희생을 드린들

그보다 더하겠습니까?

예수님을 위해 내가 바로 그 일을 하렵니다.

그렇습니다.

그 분이 가신 그 길을 나도 따라가겠습니다.

이것이 나의 선택입니다.

이 시를 읽을 때 마음에 감동이 오는 것은, 이제 우리가 이들을 알기 때문이었다. 그들은 어떤 상황에서도 예수님을 사랑했고 그런 환경에서 죽음을 당하기까지 콩고 사람들을 사랑했다는 것을 알기 때문이었다. 그들은 그렇게 처참하게 죽임 당하고 나서, 우리가 지금 서서 바라보고 있는 이 흐르는 강물에 던져졌다. 그리고 오늘날, 순교자들의 희생이 묻힌 이곳 강물은 세례를 주는 곳으로 바뀌었다.

아마도, 하나님께서 이곳에서 순교한 이들의 희생을 귀하게 여기셨고 기억하셨기에, 피 흘림이 있었던 이곳을 축복의 장소로 바꾸어주셨을 것이다.

그리스도의 보혈이 흐른 십자가가, 고통이고 실패이고 죽음이라 모두가 생각했던 그 십자가가, 결국 하나님 안에서 우리에게 승리가 되고 사랑이 되고 부활이 되었던 것처럼, 하나님께선 사랑을 모르는 자들을 위해 기꺼이 피 흘린 희생의 사랑을 참으로 복되게 하셨고 아름답게 하셨다.

헬렌 로즈비어 선교사 역시, 순교자들의 죽음에 대해서는 슬픔이고 비극이라 생각지 않는다고 말했다. 그들은 다만 우리보다 먼저 천국에 가는 것뿐이고, 그녀도 그 일이 좋은 일이라고 여긴다고 했다. 우리는 이 장소에서 군인들이 지켜보고 있었기에 매우 조심스럽게 촬영을 했다. 만약 잘못된다면, 우리의 모든 촬영이 무위로 돌아갈 수도 있는 일이었다. 우리 일행을 안내했던 현지인들은 스스로 우리에게 인터뷰를 요청하기도 했다. 그들은 콩고인들이 과거에 행했던 그 모든 일들에 대하여 자신들이 잘못했었음을 사과하고, 또 고맙다는 말을 하고 싶었던 것이었다.

그리고 헬렌이 마지막으로 언급했던 순교자 중에 '뮤리엘 하먼'에 대한 이야기도 들었다. 이 장소에서 순교한 선교사는 아니지만 그녀에 대한 이야기는 다음과 같다.

그녀는 캐나다 출신이었고, 나이가 조금 든 선교사였다. 그녀는 당시, 이미 오래 전부터 콩고를 섬겨왔었다. 그녀는 C.T 스터드 아래에서 20~30년을 섬겼고, 그녀가 콩고를 나오려고 했던 것도 예수님께서 그녀의 삶에서 행하신 많은 일들을 간증하기 위해서였다고 한다.

그러나 그녀는 콩고의 남부지역(콩고의 북동부 내의 남부지역)에서 살았던 한 가족과 함께 붙잡히게 된다. 그들은 반군에 의해 사로잡혀 땅굴 감옥에 수감되었고, 그들은 모든 종류의 어려움과 치욕감을 감당하는 고통을 그곳에서 겪었다.

그런 식으로 갇혀 있던 사람들은 전부 30여 명 정도였다. 반군들은 외국인들을 구조하기 위해 비행기가 그쪽으로 날아오고 있다는 소식을 들었을 때, 그들은 외국인을 잡고 있는 것이 문제라고 판단했다. 그래서 30여 명의 수감자들 중에서 모든 외국인들을 불러내었다.

반군들은 위층의 방으로 데려가 그들을 남자 한 줄, 여자 한 줄로 세워놓고서 어떤 주의도 주지 않고 전부 총으로 쏘아서 죽였다. 뮤리엘 하먼은 그때 예수님께로 가게 된 것이다. 뮤리엘이 함께 했던 C.T 스터드는 헬렌을 비롯한 이들이 몸담고 있는 WEC 선교단체의 창시자로서 아프리카 선교의 선구자가 되었던 사람이었다. 그는 이와 같은 말을 남겼다고 한다.

"예수 그리스도가 하나님이시며 나를 위해 죽으셨다면 그를 위한 어떠한 희생도 결코 크다고 할 수 없다." 그의 말은 빌 맥체즈니의 시에서 인용되었다.

"복음화 되지 않은 세계를 위해 나의 생명을 포기하겠습니다." 라고 말했던 C.T 스터드. 그는 무디의 전도 집회에서 회심하게 된 그의 아버지의 영향으로, 깊은 신앙을 갖게 되었다.

아직 회심하기 전이었던 어릴 적에는 날마다 예수를 믿도록 노력하는 아버지로 인해서 괴로운 나날을 보내야 했다고 고백한바 있었다.

그러나 아버지의 기도가 결실을 맺어 C.T 스터드는 캠브리지 대학 졸업 후, 그의 친구 캠브리지 졸업생 여섯 명과 함께 중국으로 선교를 떠날 만큼 열정적인 신앙인으로 변화되어 있었다. 뿐만 아니라, 아버지로부터 상속받은 50만 달러 이상 되는 재산을 모두 가난한 사람들에게 나

C.T 스터드 1860~1931

누어 주었다.

그의 생애는 영혼 구원을 위한 끝없는 열정으로 가득 채워졌고, 그와 같은 열정은 결국 과로와 영양실조로 건강 상태를 악화시켰다. 그래서 영국으로 다시 돌아왔으나 그곳에서도 복음 전하는 일은 쉼이 없었다.

그러다 그의 나이 50세에 생애의 새로운 전환이 된 아프리카 선교를 시작하게 되었다. 그리고 71세의 나이로 콩고 이밤비에서 지병으로 세상을 떠나게 되었는데, 그때 그의 장례식엔 무려 7000명의 아프리카 사람들이 찾아왔다고 전해지고 있다.

부와 명예를 버리고 복음 전하는 일에 온 생애를 바쳤던 C.T 스터드의 삶은, 사역의 열매로 나타난 것뿐만 아니라 그의 삶을 본받은 많은 선교사들의 신실한 삶으로 계속 이어졌다.

그가 조직한 WEC 선교단체의 선교사 출신인, 필립 우드와 헬렌 로즈 비어도 캠브리지 대학을 졸업한 인재였고 좋은 가문에서 태어났던 젊은이였으나 그 모든 좋은 조건과 혜택들을 다 버리고 좁고 어려운 길을 걸어갔던 사람들이었다.

이들 모두는 아프리카를 위하여 주님의 사랑으로 헌신한 사람들이었다. 주님께서는 이들을 통해서 아프리카에 놀라운 일들을 이루어 가셨다. 마치, 하늘 영광과 보좌를 버리고 친히 연약한 인간의 육신을 입으시고 죄악이 가득한 이 땅에 오신 주님처럼…

어쨌든, 우리 일행은 순교지에서 나와 다시 '이밤비'로 이동했다. 그곳에 있는 C.T 스터드의 무덤과 선교사의 자녀들 무덤을 영상에 담기 위해서였다.

C.T 스터드의 무덤

　　C.T 스터드의 무덤이 있는 곳에 도착한 우리는 잠시 그곳에 머물렀다. 이곳에 누워있는 사람들, 모두가 자신이 왜 존재하며 또 무엇을 해야 하는지 또 어떻게 살아가야 하는지 분명하게 알고 있었던 사람들이었다. 다른 사람들을 위하여 스스로 어려운 길을 갔던 사람들이다. 그리고 그들과 함께 한 어린 생명들, 아이들도 부모들과 함께 이곳에 묻혀 있었다.

　　이곳에 와서 들은 얘기로는, 이곳에 묻힌 아이들의 연령은 5-6세 정도 된다고 했다. 너무나 어린 아이들이 이곳에 싸늘한 시신이 되어 묻혀야만 했다고 생각하니 우리의 마음이 숙연해졌다.

헬렌 선교사는 우리에게 이와 같은 말을 했다.

"전쟁이 끝난 후, 우리는 콩고를 재건하기 위해 노력했습니다. 콩고인들은 우리에게 남아달라고 부탁했어요. 그들은 우리에게 최고 수준의 교육을 부탁했습니다. 목사와 교사, 의사가 될 수 있도록 훈련해달라고 부탁했고 그들은 우리가 다시 돌아와서 학교와 훈련소를 열어주길 부탁했습니다."

콩고는 그들을 필요로 했다. 그렇기에 콩고를 떠나왔던 선교사들은 깊은 상처와 고통을 주었던 콩고, 그 땅으로 다시 돌아가야만 했다. 콩고 인들, 그들을 놓아버릴 수도, 외면할 수도 없었던 것이었다.

마치, 예수님께서 당신을 십자가에 매달고 창으로 그 허리를 찔렀던 우리를 결코 버려두실 수도, 외면하실 수도 없으셨던 것처럼. 그래서 지금도 이토록 사랑하고 계신 것처럼. 결코 마음에서 놓아버릴 수 없고, 외면할 수도 없는 것이었다.

이제 우리가 돌아갈 시간이 되어가고 있었다. 하루 밤만 지나면 다시 경비행기를 타고 네보봉고를 떠나야 했다. 짧은 4일간의 여정은 그렇게 정리되고 있었다. 그날 밤. 누군가 우리를 찾아왔다. 우리가 순교자들의 현장을 갔을 때 함께 갔었던 한 분이 마을의 지도자 한 명을 데리고 우리의 숙소로 온 것이다. 나는 그들을 만나 감동적인 이야기를 다시 한 번 듣게 되었다.

기록되지 않는 또 하나의 순교자 이야기였다. 그의 말을 그대로 인용한다.

1964년 11월 25일 이곳에 또 한 분의 선교사 부부가 있었습니다. 이들은 그 날도 아이들을 모아놓고 하나님의 말씀을 가르치고 있었습니다. 그런데 반군들이 갑자기 학교로 들어왔고 선교사들과 학생들을 분리시켜 놓았습니다. 그리고 잠시 후 학생들을 모두 한 곳에 모아두고 선교사 부부를 그들 앞에 세워 놓았습니다. 그러나 그때 이미 선교사 부부는 조금 전과는 다른 모습이었습니다. 두 사람 모두 벌거벗겨져 있었고 남편 선교사는 한 쪽 귀가 잘려 있었습니다. 피는 쉬지 않고 흘러내리고 있었습니다. 반군들은 학생들에게 이들을 조롱하라고 했습니다. 그리고 선교사들에게는 하나님을 부인하라고 외쳤습니다. 위협했습니다. 하지만 선교사 부부는 흔들리지 않았고 근엄했습니다. 부드러운 미소를 머금은 채 학생들에게 여 선교사는 말했습니다.

"학생 여러분, 지금 여러분들은 벗겨진 저의 몸과 남편의 몸을 보시면 안 됩니다. 지금 저희들의 마음속에 있는 예수 그리스도를 보셔야 합니다."

결국 남자 선교사는 목숨을 잃었습니다. 하지만 여자 선교사님은 주님의 은혜로 다시 살 수 있었습니다. 그러나 그녀는 바로 떠나지 않고 남아서 오랜 기간을 우리와 함께 했습니다.

나는 이 이야기를 들으면서 정신을 바로 잡았다. 무슨 표현으로도 감당할 수 없는 절대 사랑과 주님의 명령에 순종한 선교사를 또 들을 수 있었고 그들의 현장을 볼 수 있었기 때문이었다.

다음 날 아침 비가 많이 내렸다. 하지만 처음처럼 우리가 타고 갈 경비행기는 시간을 약간 넘기기는 했지만 무사히 도착했다. 마을 주민들이 모두 나와 주었다. 카메라를 그 아이들에게로 향하니, 아이들은 서로 얼굴을 들이대면서 즐거워했다. 이 아이들의 웃음, 헬렌이 이들에게 주었던 선물이었음을 알 수 있었다.

선교사들의 삶을 통하여 느낀 것은, 때로는 감당하기 어려운 고난과 시련이 있었음에도 불구하고, 그들 모두는 포기하지 않았고 끝까지 자신의 사명을 감당했다는 것이었다.

헬렌 로즈비어는 이런 이야기를 해 주었다. "나보다 먼저 천국으로 떠난 친구들, 동역자들에 대하여 많은 사람들이 안타까워합니다. 그들은 매우 고통스럽게 주님의 품으로 갔거든요. 하지만 저는 조금 다르게 생각합니다. 그들이 있는 곳은 아버지의 나라, 천국입니다. 남겨진 우리가 그들보다 더 고생하고 있어요." 웃으면서 이야기했지만 선교사들의 생각, 그들의 삶을 이끌어가는 핵심가치, 그것은 이 세상은 잠시 머무르는 곳이고 영원한 나라 하나님의 나라를 동경하는 삶을 살았다는 것임을 알 수 있었다. 그래서 그들은 순교할 수 있었고 이곳까지 올 수 있었다.

헬렌 로즈비어는 지금 북아일랜드에 살고 있다. 벨파스트(Belfast) 공항에서 30여 분 떨어져 한적한 곳에서 살고 있는 그녀는 아직도 여전히 활동적이다. 90세를 바라보는 연세임에도 불구하고 손수 운전을 하고 있으며 교회에 출석하여 설교사역과 봉사사역을 하고 있다. 이제는 멀리 이동을 하지 못하지만 여전히 자신이 필요한 곳이 있다면 그곳에서 최선을 다하고 있다. 그녀가 머물고 있는 집은 친구 패트의 집이다. 헬렌은 가족이 없고 집도 없다. 두 번을 만났는데 변함없는 검소한 모습의 할머니였다. 〈잊혀진 가방〉의 촬영을 위하여 평생을 담은 앨범을 나에게 건네주었는데 그 자료를 처음 보았던 감동이 잊히지 않는다. 지금도 앨범을 옆에 두고 있는 나는 아이들에게 이야기했다. "이분들에게 장갑을 선물하도록 하자. 따뜻한 장갑을…" 헬렌과 패트가 함께 나눌 수 있

헬렌 로즈비어가 제자들과 함께 한 모습. 제일 앞줄 왼쪽에서 세 번째

는 장갑을 손뜨개로 만들었는데 조용히 박스에 담아 함께 보낼 준비를 하고 있다. 헬렌 로즈비어가 왜 대단한가에 대한 질문을 받은 적이 있다. 나는 그녀를 인터뷰하고 사역의 현장을 보면서 아마 이 때문이지 않을까 생각한다. ‘어느 남자도 하지 못한 강한 그리스도의 군사.’

그녀는 도망가지 않았고 자신이 있어야 할 곳을 사랑했으며 순간이 아닌 미래를 보는 안목으로 한 나라를 위하여 헌신했다. 자신이 해야 할 일을 경험하면서 고통을 오히려 주님을 믿기 때문에 누리는 “특권”이라고 이야기 했던 것을 기억하면 그녀가 왜 귀한 주님의 군사였는지 알 수 있을 것이다.

참고로 헬렌로즈비어의 사역을 좀 더 알기위해서는 “이 산지를 내게 주소서” 와 “살아있는 믿음”이라는 책을 보면 더 자세히 알 수 있다.

참된 기쁨을 아는 사람은 세상이 말하는
가치의 영향을 받지 않는다

그들의 참된 기쁨, 내어 주는 사랑

참된 기쁨을 아는 사람은
세상이 말하는 가치의 영향을 받지 않는다

3장
그들의 참된 기쁨, 내어 주는 사랑

참된 기쁨을 아는 사람은 세상이 말하는 가치의 영향을 받지 않는다

주께서 내 원수의 목전에서 내게 상을 차려 주시고 기름
을 내 머리에 부으셨으니 내 잔이 넘치나이다 내 평생에
선하심과 인자하심이 반드시 나를 따르리니 내가 여호와
의 집에 영원히 살리로다   시편 23:5~6

우리는 헬렌 로즈비어가 사역하던 네보봉고에서 버니아로 이동했다. 버니아는 콩고의 동부 쪽에 있는 곳으로 치안이 잘 되지 않아 매우 위험한 곳이었다. 버니아에 한국인이 그동안 들어온 적이 없다는 말과 동양인으로서도 2번째라는 이야기를 들었는데 그만큼 누군가의 도움 없이 들어오기도 힘든 곳이었다. 콩고에서는 버니아가 매우 큰 도시라고 하지만 우리가 경험하는 이곳은 1950년대 전쟁이 막 끝난 직후의 우리나라를 보는 듯했다. 아니, 오히려 그보다 더 열악한 상황이 아닐까 여겨졌다. 버니아 공항에 도착했을 때 출입국을 확인하는 장소에는 무너져

필립과 낸시 우드

버린 건물가운데 다 부서진 책상만 놓여 있을 뿐이었다. 콩고인들의 모습은 키가 작은 사람들이 많았으며 모두가 경직되어 있었다. 그리고 그들의 분위기는 위협적으로 느껴졌다.

우리가 버니아로 온 이유는 이곳에 필립 우드와 그의 아내인 낸시가 병원 사역을 하고 있다고 들었기 때문이었다. 필립과 낸시는 헬렌 로즈비어와 깊은 인연을 가진 선교사들이었다. 헬렌 로즈비어가 콩고에서 의료선교를 마치고 고향으로 돌아간 이후 얀쿤데 지역에서 헬렌의 후임으로 사역을 했기 때문이다. 특히, 낸시에게 준 헬렌의 영향력은 매우 컸다.

나는 그들과의 만남을 기대하고 있었다. 이곳의 경직된 분위기에 위축된 마음이 있었으나, 그럼에도 불구하고 하나님께서 필립과 낸시 우드 부부와의 만남을 통해 보이실 일들과 은혜들이 기대되었다. 분명, 하나님께선 우리 일행을 이곳으로 올 수 있도록 인도하신 이유와 뜻이 있을 것이라고 생각되었다.

아프리카, 콩고. 우리가 아프리카에 와서 자주 들은 말이 있는데 그것은 '아프리카라는 사실을 기억하세요.' 였다. 그만큼, 아프리카의 대부분은 어렵고 열악하며 가난하고 또 이런 저런 위험요소를 가득 안고 있었다.

낸시가 버니아(Bunia)공항으로 우리를 마중 나왔다. 그녀는 불어로 관리자와 대화를 하면서 우리가 출입국 심사를 무사히 통과할 수 있도록 도와주었다. 외부인을 조심스러운 눈초리로 감시하던 군인들 역시 필립과 낸시의 도움을 받는 이들이었다. 아마 낸시가 우리를 마중 나오지 않았으면 입국이 쉽지 않았을 것이라 말해도 과언은 아닐 것이다. 그만큼 버니아에서는 외부인에 대한 경계심이 강했다. 그리고 이곳은 UN군이 주둔해 있다. 치안이 불안하기 때문이다. 그래서 오후 5시 이후는 어느 누구도 안전을 장담하지 못한다고 한다. 필립과 낸시 우드도 5시 이후로는 외부를 나가지 않는다고 말했다.

이곳을 방문하기 이전부터 우리가 콩고에 오는 것은 무리가 있었다. 첫째는 우리나라에서 여행을 제한하는 곳이었고 아직도 부분적으로 내전이 진행 중이며 이 세상에서 매우 위험한 나라로 분류되는 몇 안 되는 나라 중의 하나이기 때문이었다. 그래서 이곳에 오는 것을 걱정해 주는 분들이 많았다. 그래서 필립과 낸시 우드도 우리가 실제로 올 것이라고 생각하지 않았다고 했다. 우리가 가기 몇 달 전에도 WEC 본부 선교팀이 이곳으로 들어오려다가 신변의 안전 때문에 포기했기 때문이다.

그래서 우리가 보낸 편지에 대한 필립의 회신 역시 "오신다면 환영합니다." 였다.

그 뜻을 전혀 몰랐던 우리는 위험을 느끼지 못했다. 지금 생각해 보면 오히려 그 위험을 몰랐기에 전화위복이 되지 않았을까 생각하고 있다.

공항에서부터 시작하여 시내, 경찰, 군인 촬영은 금지되어 있었다. 까딱하다가는, 정말 잘못될 수도 있다고 필립과 낸시 우드는 충고해 주었다. 그래서 우리들은 이곳에 도착해서 맞게 되는 영적전쟁은 다름 아닌 우리에게 찾아오는 두려움임을 알게 되었다. 나는 담대함을 주시는 하나님께 기도하였다.

필립은 오후 5시가 넘으면 집에서 철조망이 쳐진 창문을 커튼으로 닫는데, 이는 무장한 사람들이 어떤 위협적인 행동을 할지 아무도 모르는 일이기 때문이었다. 그만큼, 이곳은 치안이 형편없는 곳이었다.

버니아 사람들의 표정은 두려움에 가득 차있는 듯 어두웠고 자신들이 무엇을 하고 있는지 잘 모르는 것 같았다. 서로를 믿지 못하기에 어둠이 짙어지면 아예 활동을 하지 않는 것이었다. 나는 함께한 일행들에게 살아가는 동안 다시 이곳 버니아에 올 일이 생긴다면, 다시 갈 것인가를 물었다. 그러자 그들은 다시는 가고 싶지 않다고 답했다. 나 역시, 하나님께서 가라고 하시면 순종함으로 또다시 가겠지만 정말 할 수만 있으면 이곳에 다시 오지 않았으면 하는 마음이 드는 것이 솔직한 마음이다.

필립과 낸시 우드의 집

그것이 당시의 나와 우리 일행의 마음이었다. 아마도 처음 맞닥뜨린 어려움과 두려운 상황 때문이었을 것이다. 하지만 그때의 일을 적고 있는 지금, 이제 와서 돌이켜 생각하면 나는 가끔 아프리카가 그리워진다.

어쨌든, 우리들이 버니아에 대해 받은 인상은 그토록 암울한 것이었고, 그래서 이곳에 사역하는 선교사들의 헌신이 더욱더 귀하게 여겨졌다. 뿐만 아니라, 콩고에서는 모든 여정이 매우 힘들고 위험했었다. 네보봉고와 왐바에서는 정글과 군인들로 인해서 힘들었고, 여기서는 정글보다 더한 긴장감속에서 촬영을 해야 했기 때문에 더욱 힘이 들었다.

우리가 도착한 필립과 낸시의 집은 사방이 철조망으로 둘러싸여 있었다. 그리고 전기는 불규칙으로 들어왔다. 오후 2시경 정도 되었는데 방안은 칠흑같이 어두웠다.

필립과 낸시가 머물고 있는 곳에는 또 다른 가족이 있었다. 간호 선교사와 조카인 메리였다. 메리는 불어를 배우기 위하여 이곳에서 머물고 있었다. 그래서 함께 공동체 생활을 해야 했기에 조심하는 것이 필요했다.

화장실과 샤워를 할 수 있는 공간이 한 곳 뿐이었기에 각자 시간을 정해놓고 사용했다. 그러다 한 번은 큰 실수를 할 뻔했다. 급한 마음에 먼저 하려고 했다가 안에서 깜짝 놀라는 소리를 듣고 당황한 적이 있었다. 전기도 불규칙하게 아주 약하게 공급되어 불편하기도 했지만 물 문제는 더 심각했다. 선교사들의 간증으로만 듣던 가느다란 물줄기로 목욕하는 경험을 하게 되었다. 작품을 처음 했기에 아쉬운 점이 많았는데 그중의 한 가지가 이런 장면이었다. 물이 나오지 않는 현장들을 필름어 담지 못한 것과 전기가 들어오지 않는 상황에서의 각종 재미있는 장면들을 영상으로 담지 못한 것이었다.

낸시와 함께 아침 일찍 병원으로 출발했다. 선교사의 집에서 병원까지의 거리는 비포장 길을 차로 15분정도의 거리인 그곳은 버니아에서 필립과 낸시가 사역하고 있는 '복음 의료 센터' 였다. 병원에 오기까지는 3개의 교회를 지나쳐왔다. 콩고에서는 비교적 신앙의 자유가 있다. 필립과 낸시가 예배드리는 교회 역시 성도 수가 1000명 정도 된다고 한다. 하지만 교회가 크고 성도가 많다고 해서 그들이 온전한 신앙생활을 하는 것은 아니었다. 특히 말씀으로 훈련되지 못하고 토속신앙과 결합된 기독교는 오히려 역작용도 많이 일으키고 있었다.

　　그리고 이곳에는 단기 선교 팀이 잘 들어오지 않는다고 했다. 필립과 낸시가 하는 사역이 의료선교이기에, 전문 선교 팀이 아니면 할 수 있는 일이 많지 않은 이유이기도 하지만 여전히 위험이 도사리고 있기에 선뜻 지원하는 것이 어렵고 필립과 낸시 이러한 이유로 쉽게 단기선교 팀을 받을 수 없다고 했다. 병원 안으로 들어서기 전에 우리는 어떤 광경을 목격할 수 있었다. 건물 입구 곁에 마련된 한 공간에서, 한참 시력검사가 진행 중이었다. 그곳엔 의자들이 놓여 있고 사람들이 앉아 있었다. 한 현지인 의사가 손동작을 하며 검사받는 이에게 그것이 보이는지

시력검사를 하는 모습

묻고 있는 듯했다. 그러나 나이가 많아 보이는 그는 한쪽 눈을 가린 채 계속 안 보인다고 했다. 그러자 의사는 조금씩 그에게 가까이 다가가 다시 물었다.

그렇게 하다가, 의사는 한쪽 눈을 가리고 안 보인다고 답하는 그의 코 앞까지 다가가 손가락을 들이대며 다시 물었다. 이래도 안보이냐고 묻고 있는 것만 같았다. 그 장면은 보는 이로 하여금 웃음을 자아내었다. 진료실이 없기 때문에 이렇게 시력검사는 이루어지고 있었다. 병원의 상황은 매우 열악한 환경 가운데 있음을 단번에 알 수 있도록 하는 장면이었다. 시력검사를 하고 있는 이 장소에서는 예배를 드리기도 하고, 환자 대기실로도 사용된다고 했다.

오후가 되자, 이곳에서 의료봉사를 하고 있는 필립 우드 선교사를 만날 수 있었다. 오전 동안 그는 간호학교에서 강의를 하고 병원으로 돌아왔다. 그는 이곳에서 30년 넘게 의료 사역을 감당했다고 한다.

우리는 필립이 환자들을 진료하는 모습을 영상에 담을 수 있었다. 병원의 상황은 굉장히 긴박하며 위급하게 돌아가고 있었다. 심하게 다친 부상 환자들이 곳곳에 눈에 들어왔는데 대부분 오토바이 사고나 화상 사고, 말라리아 등의 질병으로 병원을 찾아온 사람들이었다.

환자들 중에 어린 아이들도 있었는데, 다친 부위를 치료하는 그를 보고 있으려니 유난히 피부색이 대비되어 인상적인 풍경을 연출되었다. 그는 마치 하얀 손을 가진 천사 같다는 생각이 들었다. 검은 피부의 콩고인들은 하얀 피부를 가진 그의 도움을 받고 있는 것이었다.

마치 그 도움은 우리 주님께서 주시는 사랑과 다를 바 없는 헌신적인

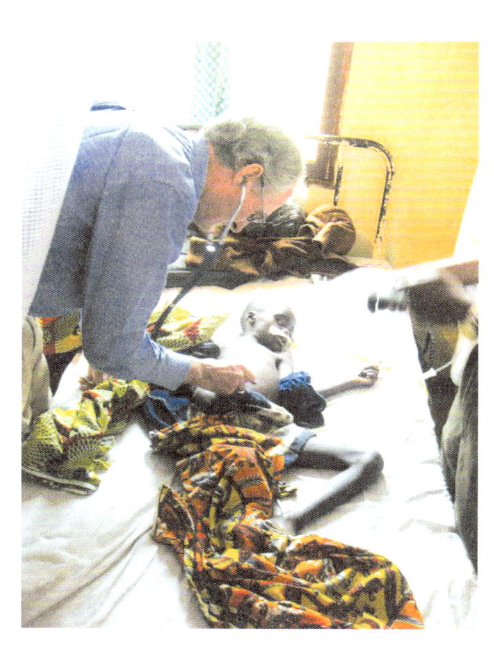

필립 우드 선교사가 진료하는 모습

필립과 낸시 우드가 근무하는 복음의료센터

것이었다. "누가 나를 위하여 갈 것인가!" 라는 말씀 앞에 서서 제가 가겠다고 한 필립과 낸시를 우리는 현장에서 보고 있었다.

환자들 중엔 총상으로 치료받고 있는 사람도 있었다. 필립이 한 환자에게 다가갔는데, 그 남자는 허벅지에 총상을 입고 있었다. 이곳 버니아에서는 이렇게 총상을 입는 사람들이 적지 않게 있다고 했다. 반군들이 활동하는 지역이라 내전 중 소유하게 된 총기들을 반납하지 않고 있는 사람들이 많았기에 아직 일반인들도 무기를 가지고 있었다. 위험한 무기가 강도 또는 위협의 도구로 쓰여지기에 총상 입은 환자가 많음은 어쩌면 당연하였다.

병원의 시설은 열악해서 엑스레이는 창가의 햇빛을 의지해야 하는 것이 오히려 편리할 때가 많다고 했다. 필립은 창가에 서서 엑스레이 사진을 햇빛에 비추어보는 식으로, 환자들을 돌보는 일을 해야 하기 때문에, 출근은 항상 새벽 5시가 된다고 했다. 해가 있을 때, 많은 일을 해야 하기 때문에 아침 시간을 활용하는 것이 의사와 환자 모두에게 중요했다.

필립이 큰 키에 안경을 쓰고 지적인 인상을 풍기는 외모를 하고 있었다면, 낸시는 동그란 얼굴에, 역시 동근 눈매를 가진 귀여운 인상의 여인이었다. 쾌활하고 적극적인 성품일 것 같다는 생각을 할 수 있었다.

캐나다에서 가정 의학을 전공한 낸시는 이 지역 여성들과 아이들에게는 꼭 필요했다. 그녀는 매일 거듭되는 진료로 매우 피곤하지만, 그것에 특별히 관심을 기울이지 않는다고 말했다. 오직 하나님을 기쁘시게 하는 것만이 자신의 일임을 그녀는 잘 알고 있었다.

그렇게 그들이 환자들을 진료하는 모습을 영상에 담기 위해 촬영을 하면서 함께 걸어가는 도중 필립은 이런 말을 했다.

"추가 병실을 만들어야 되고 간호학교를 더 세워야 해요. 그리고 땅은 이미 준비되었어요."

의욕에 가득 차있는 필립. 짐짓 그는 여유가 있었다. 필립은 계속해서 나에게 귓속말로 이야기했다. "땅은 파고 있는데 돈이 없습니다." 하면서 웃어 보였다. 지금 생각해 보아도 그의 웃음은 천사의 미소처럼 보여졌다. 그러나 아무 걱정도 없다는 표정이었다. "우리는 믿음으로 선교를 합니다. 이미 이루어진 것을 믿고 행동해 왔고 그 결과는 반드시 주님의 뜻대로 이루어졌습니다. 이 병실 역시 아름답게 마무리 될 것입니다."

필립과 낸시는 그렇게 그들의 사명을 감당하고 있었다. "믿음 선교" 이 것이야 말로 모든 선교사가 반드시 지녀야 할 가장 기본적인 마음 자세가 아닌가 다시 한 번 돌아볼 수 있었다.

상황의 어려움이 있어도 그들은 활기찼고 주저함이 없었다. 필립은 빨라진 걸음으로 매일 바쁘게 움직이고 있었다. 하루도 빼놓을 수 없는 중요한 수술들이 있기 때문이었다. 외과 의사는 단 한명. 필립이 그의 제자인 엘런을 가르치고 있지만, 아직은 이 병원에서는 필립만이 수술이 가능했다.

우리는 필립과 또 그를 돕는 의사들이 수술을 준비하는 모습을 영상에 담을 수 있었다. 시간이 조금 지난 후, 필립의 수술은 성공적으로 끝이 났고, 수술을 마치고 나온 필립은 기록을 정리하였다. 그리그 그것이 끝나자마자 또다시 수술실로 들어갔다. 조금의 쉴 틈도 그에게 없어 보였다. 이렇게 필립은 잠시도 쉴 겨를 없이 하루에도 여러 번의 수술을 하고 있었다.

그래서 우리는 필립이 제일 많이 강조했던 "현지인 의사가 많이 양성되어야 한다." 는 말을 이해할 수 있었다. 선교사가 어느 정도는 감당할 수 있지만 가장 자연스럽고 좋은 것은 현지인 의사가 양성되어 이들에게 효과적인 의료 상황으로 만들어야 한다는 것이었다. 필립이 아무리 노력을 해도 혼자의 힘으로 감당하기에는 너무나 많은 환자들이 있기 때문이었다. 그래서 그는 현지인을 가르치기 위하여 몰두하고 있었다. 우리는 그에게 질문했다.

"이곳에 오셔서 몇 번 정도 수술을 하셨나요?"

“여기 온지 오래 되어서 정확히 세어보진 않았지만 지난 병원에서는 기록을 했는데 약 8000번 정도 수술을 했습니다. 하지만 지금 있는 병원에서 수술한 것을 포함한 게 아니니까 아마도 훨씬 더 많은 중요한 수술을 한 셈이지요.”

우리는 다시 그에게 질문을 했다.

“하루나 일주일간 가장 많은 수술을 실행해본 건 몇 번이십니까?”

“다른 곳에 가서 진료를 했는데요. 거긴 의료진이 많이 없기 때문에 하루에 열 건 정도를 진행하는 경우가 있는데 오전에 5건, 오후에 5건 수술을 한 적이 있었습니다.”

또한 필립은 3년 전 어떤 사람을 수술하게 되었는데 그가 이야기하기를 자신을 기억하느냐고 하면서 그 사람은 1983년에도 필립에게 수술을 받았었다고 이야기했다고 한다. 필립은 자신이 얼마나 많은 사람을 수술해 왔었는지 다 헤아릴 수도 없는 채, 그 일을 감당해오고 있었던 것이었다.

그는 아마도 다른 곳이 아닌 바로 콩고에서 의료 사역을 해야 했기에, 그가 하는 일은 더욱 고되었을지 모른다. 열악한 시설에 의료진이 많이 없어 그만큼 그가 감당해야 할 일들이 많았을 것이기 때문이다. 게다가 외과 수술은 어려워서 배우기도, 가르쳐주기도 어렵다. 하지만 가정 의학은 상황이 조금 달랐다. 낸시는 그녀의 제자 3명과 같이 일하고 있는데, 지금은 많이 훈련이 되었기 때문에 낸시가 자리에 없어도 그들이 병원 일을 감당할 수 있다고 했다.

그리고 의학 책들은 그들이 직접 파리와 영국까지 가서 구입해 오고 있었다. 필립과 낸시는 2009년 10월. 잠시 영국을 다녀왔을 때도 많은 책들을 가져왔다. 병원의 간호사들과 의사들을 위해서다.

이 모든 것이 너무나 열악하고 부족해서, 아직까지는 콩고인들이 우리를 필요로 한다고 낸시는 우리에게 말해 주었다.

늦은 오후가 되어, 바쁜 하루 일과를 마치고 집으로 돌아온 필립과 낸시 부부가 집으로 돌아와도 해야 할 일들이 기다리고 있었다. 전기 공급이 잘되지 않아 낮에 충전한 태양열로, 필립은 하루의 업무를 정리한다. 인터넷은 간신히 이메일만 확인하고 보낼 수 있는 정도였다.

항상 그렇지만 그 날도 아낌없이 그들이 가진 것을 필요로 하는 이들에게 내어 주었던 하루였다. 그러했던 그들의 하루가 또다시 저물어 갔다. 아낌없이 내어주는 삶, 그들이 이곳 사람들에게 기꺼이 가진 것을 나누는 삶을 살아가는 건, 결코 베푸는 자신들의 마음을 기쁘게 하기 위함이 아니었다.

다만, 그들은 하나님이 주신 모든 좋은 것에 대하여 청지기적인 사명이 있었던 것이었다. 그들이 남보다 더 많은 것을 가진 것이 있다면, 그것은 그들보다 가난하고 약한 이들과 함께 누리기 위해 가지고 있는 것이라는 믿음이 그들에게 있었다.

명망 있는 학교에서 많이 배운 것도, 예수님을 믿는 가정에서 태어나 자랐던 것도, 그래서 어릴 적부터 복음을 누릴 수 있었던 것도, 전부 나 혼자 누리기 위함이 아니라, 없는 자와 그 모든 것을 누릴 수 없는 이들에게 나누어주라고, 하나님께서 주신 것임을 믿는 믿음이 필립과 낸시에게 있었다.

　　이곳 사람들에게는 없기 때문에, 누릴 수 없는 것이기 때문에 그래서 그것을 가지고 있고 베풀 수 있는 능력이 있던 필립과 낸시는 아낌없이 이곳 콩고인들에게 내어주며 그들 안에 있는 예수님의 사랑을 보여 주고 있었다.

> 범사에 여러분에게 모본을 보여준 바와 같이 수고하여 약한 사람들을 돕고 또 주 예수께서 친히 말씀하신 바 주는 것이 받는 것보다 복이 있다 하심을 기억하여야 할지니라
>
> 사도행전 20:35

필립, 낸시 우드의 결혼사진

사랑이란 것은, 받는 것보다 주는 것이 더 행복하다 하였다. 그렇기에, 아낌없이 그리고 후회 없이 그들이 가진 좋은 것을 내어 주는 이 부부의 얼굴엔, 그래서 평안이 깃들어 있고 행복이 묻어 있었다.

> 내가 또 주의 목소리를 들으니 주께서 이르시되 내가 느구를 보내며 누가 우리를 위하여 갈고 하시니 그때에 내가 이르되 내가 여기 있나이다 나를 보내소서 하였더니
>
> 이사야 6:8

주님 앞에서 "내가 여기 있나이다 나를 보내소서."라고 했던 이사야 선지자처럼, 하나님의 부르심에 "나를 보내소서."라고 응답한 이들이 바로 필립과 낸시 부부였다. 그들이 콩고에 오게 되는 큰 모험을 감행한 건 아내, 낸시의 용기에서 시작되었다.

영국 캠브리지 의대 출신의 외과의사 필립, 그리고 캐나다 가정 의학과 의사 낸시. 이들은 명망 있는 대학에서 의과 대학을 졸업한, 많이 배운 지식인들이었다. 그렇기에 이 두 사람이 원한다면, 얼마든지 좋은 환경에서 부유한 결혼생활을 할 수 있었다.

그런데 이들은 자신들이 누릴 수 있는 그 모든 것을 기꺼이 프기했다. 안락함도, 부유함도, 사회적 지위도, 그리고 그들의 젊음과, 앞으로의 황금빛 미래까지도. 대신 그들은 주님이 주신 길을 선택했다. 도대체, 무엇이 이러한 선택을 가능케 했을까!라는 생각이 드는 순간 나의 작은 마음들이 더욱 나를 왜소하게 만들었다. 하지만 나와는 다르게 무엇이

큰 가치인지를 이들은 알고 있었다. 그들은 세상이 말하는 가치에 동의하지 않았다. 그들은 그보다 더 큰 가치를 알았고, 그 때문에 그것을 얻기 위해 기꺼이 그들이 누릴 수 있는 모든 것을 포기할 수 있었다.

우리는 필립과 낸시 인터뷰에서 자신들이 이곳에서 사역하고 있는 과정을 설명들었다. 먼저, 콩고에 오게 된 계기를 질문했다. 그러자 필립은 다음과 같이 대답했다.

"낸시가 먼저 오자고 했습니다."

필립의 답변에 낸시가 이어 설명해 주었다.

"제 기억에는 제가 먼저 이야기한 것 같아요. 왜냐하면, 결혼하기 전에 콩고에 두 번 왔었어요. 기독교 치과 협회 모임에 가서 선교사들의 일에 대하여 알아보았는데, 장기 또는 단기로 일을 할 수 있다는 말을 듣게 되었지요. 그래서 그 사람들에게 나는 의과 대학의 1학년인데 경험도 있고 하니까 어떻게 해야 선교를 할 수 있는지 질문했어요.

그러자 그곳의 의사가 우간다에 일을 할 수 있도록 소개해 주었어요. 그래서 그곳에 다녀온 사람들에게 물어 보았는데, 우간다에 가면 콩고는 무조건 들러야 한다는 말을 들었어요. 그리고 그분들이 비자를 구해 주었고 여러 가지 배려를 해주고 도움을 주었죠. 그때는 1968년이었고 10일 동안만 가능했었어요. 그러나 너무나 다시 오고 싶었지요. 그래서 대학원 의과대학에서 졸업을 하기 전 1970년에 다시 올 수 있는지 연락을 했습니다. 헬렌 로즈비어는 당연히 올 수 있다고 했어요. 그 분은 콩고에는 오는 사람이 없다고 말했습니다.

그래서 두 번째 다시 오게 되었죠. 이 후 필립과 올 수 있는 기회도 생겼고 우리는 하나님의 뜻으로 온 것이라고 확신하고 있어요.”

필립 역시 우리가 한 질문에 답하였다.

“하나님께서 가라고 하시는 사인을 주셨습니다. 저는 의사로서 경험도 많았고 콩고에 도움이 될 수 있다는 생각을 했어요. 콩고에 대해서는 낸시를 통해 더 자세히 알게 되었죠.”

우리는 또 그들에게 하나님은 어떤 분이시며 이곳에서 하나님께서는 어떻게 함께 하셨는지 질문을 했다. 그러자 필립이 먼저 말해 주었다.

“그동안 많은 일들을 경험했었습니다. 아프리카가 낭만적이라고 생각하기도 하지만 안전에는 문제가 있었지요. 전쟁도 있었고 말할 수 없는 고통들이 있었어요. 이런 경험 속에서 내가 알 수 있었던 것은 하나님께서 나를 이곳에 보내셨고 그 하나님이 나를 지켜주시고 계신다는 것이었습니다. 때문에 내가 여기에 온 것도 복이고 낸시와 있는 것, 하나님과 같이 있는 것이 복이라고 생각하고 있습니다. 하나님의 일을 이곳에서 하는 것이 즐거웠습니다.”

그리고 낸시가 이어 대답하였다.

“어렸을 때부터 하나님에 대한 믿음이 있었어요. 사랑이 많으신 분이시라는 것도요. 그 영향은 부모님으로부터 왔습니다. 부모님들이 저를 교회에 데려가셨고, 교회에 가서 성경책도 보면서 교사들로부터 성경공부를 배우게 했기 때문에 하나님이 나를 사랑한다고 생각했고 어떻게 살아야 하는가를 배웠어요. 그리고 내가 하고 싶은 일을 한다면 경제를 선택했을 텐데 하나님의 방식으로 해야 한다는 결정을 했습니다.”

우리는 또다시 질문을 했다. 그들이 이러한 열악한 환경에서 생활하

얀쿤데의 현지 병원 앞의 폐차. 전쟁이 있기 전 필립이 타고 다니던 차량

는 것으로 인해 선교사로서의 삶을 사는 것을 후회하는 마음이 조금이라도 있을지 모른다는 생각을 했던 것이었다. 그러나 그들의 답변은 단호했다. 그들은 한 번도 후회한 적이 없다고 답했다.

그들의 단호한 답변은, 콩고에서의 삶에 대한 후회함이 아님을 우리는 알 수 있었다. 그들은 하나님의 부르심에 대하여 기쁘게 "내가 여기 있나이다 나를 보내소서."라고 응답한 것을, 결코 후회한 적이 없다 말하고 있는 것이었다.

낸시는 우리에게 덧붙여 말하였다.

"사람들은 내가 집도 없고, 돈도 없고, 차도 없다며 설득하려고 하지만, 나는 후회한 적 없습니다.”

그들의 마음에는 진심으로 하나님이 주시는 기쁨과 행복이 있었다. 그들의 기쁨은 환경의 열악함과 어려움도, 때로 찾아오는 위험스런 일과 고난에도, 결코 시들지 않았다. 오히려 깜깜하고 어둠이 가득 내린 곳에서 환하게 비치는 작은 별빛처럼, 더욱 아름다울 뿐이었다.

버니아에서 2시간 거리에 있는 얀쿤데.

필립과 낸시의 첫 사역은 이곳에서 시작되었다. 지금은 3개월에 한 번씩 방문하고 있는 곳이었는데 이곳을 촬영하기 위하여 황토 길을 따라 우리는 필립이 운전하는 차로 이동했다. 길이 별로 좋지 않았기에, 오랜 시간 동안 차로 이동하는 여행은 역시 힘이 들었다. 특히 앞서 언급했지만 모든 일은 오후 5시 이전에 끝나야 했기에 서두르지 않으면 안 되었다.

얀쿤데에 곧 도착하자, 필립은 폐허가 되어버린 이곳에서 그때를 회상하며 설명하였다.

“여기가 병원으로 들어가는 입구입니다. 환영한다는 팻말이 저기 있습니다. 아프리카의 심장에 예수 그리스도를 섬기는 복음 병원이에요. 교회가 있는데 파괴되어 지붕이 없어졌습니다. 아직 지붕이 고쳐지지 않았어요.”

필립과 낸시는 헬렌 로즈비어 선교사가 영국으로 돌아간 이후 그녀가 거주하였던 집에서 6년을 지냈었고, 그 이후에 옮겨간 집에서 2002년 얀쿤데 사건을 경험하게 되었다. 2002년 얀쿤데에서 2000명 이상이 목숨을 잃는 부족 간의 전쟁이 있었다. 얀쿤데 사건 이전, 이곳은 인구가 많고 매우 활발했던 곳이었다. 그런데 모든 게 부서졌고 파괴되었으며, 이곳에 머물던 사람들은 모두 떠나거나 사라져 버렸다. 이제 이곳에 남은 건, 전쟁이 휩쓸고 지나간 참혹한 흔적뿐이었다.

그리고 헬렌 로즈비어가 1973년까지 이곳에 머물면서 이루어놓은 많은 결과들, 그리고 왕성하던 선교사들의 사역들도 2002년 종족 간의 내전 이후 거의 회복이 불가능한 상황에까지 빠져 있었다. 40여 년 가까이 선교사들에 의한 의료기관 역할을 잘 감당하고, 많은 간호사들을 배출했던 이곳이 한순간에 폐허가 되어버린 것이었다. 그때 반군들은 필립의 집에 들어와 방문을 다 뜯어가고 돈이 될 만한 것은 모조리 가져갔다고 했다. 또 그 당시에, 필립 역시 생명을 잃을 번한 위기에 처하기도 했었다. 필립은 그때의 상황을 재현해주며 우리에게 설명해 주었다.

"아침 11시 30분에 누군가 문을 크게 두드렸습니다. 창가로 가보니 완전 무장한 군인 3명이 서 있었지요. 그 중의 한 사람은 총알 띠 묶음을 감고 있었고 다른 사람은 로켓포를 가지고 있었어요. 그들이 말했습니다.

"문 열어!"

"미안하지만 문을 열 수 없습니다."

"그렇다면 문을 부수겠다."

"좋아요, 그러십시오."

"우리에게 돈을 달라."

저는 이 집에 돈이 없다고 얘기했어요. "하지만 당신을 위해 기도하겠습니다." 라고 말했고 눈을 감고 그들을 위해 긴 기도를 했습니다. 기도를 하고 있는 동안 그들이 가버렸고 그 날은 아무도 우리를 괴롭히지 않았습니다.”

필립의 재현으로 증언한 그때의 일은, 우리에게 큰 감동을 주었다. 그리고 조금이나마 그때 현장의 모습을 떠올릴 수 있었다. 결국 그 싸움에서 이겼기에 오늘의 필립과 낸시의 사역이 계속될 수 있었다는 것이 확인되었다.

필립이 당면했던 그 순간이 얼마나 위험한 상황이었는가 하던 방안에는 반군들이 공격하던 사람들이 숨어있었다고 했다. 만일 그들이 안으로 들어왔다면 모두가 목숨을 잃었을 것은 자명한 사실이었다.

얀쿤데에서 필립과 낸시가 경험한 사건은 헬렌 로즈비어가 경험한 1964년 내전 당시의 아픔만큼 선교사역에 큰 영향을 주었다. 얀쿤데 사건이 있은 후, 필립과 낸시는 영국으로 떠나게 되었다. 하지만 필립과 낸시는 그들의 사명을 포기할 수 없었다. 그들은 영국에서 1개월을 머문 이후에 버니아에서 200km 떨어진 OICHA(위처)라는 곳으로 다시 돌아와 4년을 머물면서 의료선교를 한 후 버니아로 돌아와 병원을 설립하고 간호학교를 세우기 위하여 기도하게 되었다. 그 두 사람은 콩그에 필요한 것이 무엇인지 분명히 알고 제 2의 사역을 시작하게 된 것이었다.

우리는 그들에게 또 한 가지 질문을 했다.

“왜 선교가 중요합니까?”

그러자 필립이 대답했다.

“지금 우리가 사는 시대에는 예수님의 명령에 순종하면서 사는 것이 매우 중요합니다. 예수님께서 분명히 우리가 어떻게 살아야 하는지를 말씀하시고 떠나셨기 때문입니다. 그래서 나는 분명히 하나님의 뜻을 알기에 다른 이에게도 그것을 전할 것입니다.

나는 험한 곳에서 살고 있습니다. 콩고는 매우 위험해요. 좋은 사람도 나쁜 사람이 될 수 있는 위험한 곳이지요. 그렇기에 이런 곳에서는 더욱 더 하나님의 말씀이 필요해요. 이 나라에서 어린 학생들에게 성경말씀으로 하나님과 교제할 수 있도록 가르치는 것이 필요합니다.

그렇게 살게 해야 합니다. 여기서 살면서 너무 안타까운 것은 사람들이 서로 사랑하지 않고 서로 싸우는 것이 슬펐습니다. 서로가 증오심이 있어요. 이런 사람들은 예수님의 사랑이 필요합니다. 그래서 나는 기뻐요. 복음을 전할 수 있기에 선교사로 이곳에 온 것이 기쁩니다. 콩고에 살면서 기독교가 부흥하는 모습이 기쁩니다. 그리고 신기합니다. 왜 콩고에서는 부흥이 잘 되는 것일까? 무서운 감정들이 있고 아주 나쁜 점들이 많이 있는데… 하는 생각을 했어요. 그런데 그 해답을 바로 알 수 있었어요. 모든 안 좋은 것들이 예수님을 통해서 많이 없어졌기에 이제는 나쁜 감성이 좋게 변해가고 있기 때문이었습니다. 하지만 문제가 아직도 있어요. 이제는 콩고의 교회들이 좀 더 좋은 방향으로 가면 좋겠습니다."

필립이 콩고의 교회에 대해 문제를 인식하고 그렇게 말한 이유는 있었다. 콩고의 교회는 수많은 선교사들의 희생과 헌신으로 인해 많은 부흥을 하게 되었고, 이제는 교회들이 많아졌다. 하지만 콩고의 교회는 말씀을 통해 어떻게 살아야 하는지 훈련이 많이 되어있지 않았다. 아프리카의 토착 신앙과 많은 부분이 뒤섞여 문제를 양산하고 있었다. 또한 콩고의 주민 10%가 예언자를 자처하는 시몽 킴방구가 일으킨 지상 예수 그리스도 교회를 믿고 있어, 최대 독립 그리스도 교회를 이루고 있다고 했다. 최근에는 사이비적인 모습을 보이는 콩고의 교회에서 '마녀사냥'이라는 끔찍한 일들이 벌어지고 있는데, 3세에서 17세까지의 마녀로 지목된 어린 여자아이들이 그와 같은 일로 고통을 겪고 있다고 했다. 보통 마녀로 지목되는 아이는, 장애를 가지고 있거나 질병을 가진 아이들이었다. 예언자라고 불리는 목사가 아이를 마녀로 지목하면, 사람들은 그 아이들에게 온갖 가혹행위를 하고 있다고 한다.

필립은 그와 같이 잘못된 길로 빠지곤 하는 교회들을 걱정하고 있었다.

안타까운 건, 헬렌이 사역하던 당시만 해도 콩고에 그토록 많았던 선교사들이 이제는 필립과 낸시를 포함해서 얼마 남지 않았다는 사실이었다.

낸시 역시 선교의 중요성에 대해 우리에게 입을 열었다.

"성경을 보면 어떻게 살아야 하는지, 무슨 일을 해야 하는지 알게 됩니다. 마태복음에서 땅 끝까지 복음을 전하라고 하였어요. 그것은 목사님하고만 중요하게 관련된 사항이 아니고 누구에게나 해당되는 내용입니다.

요한복음 13장 34-35절을 보면 내가 너희를 사랑한 것처럼 서로 사랑하라 그럴 때 모든 사람이 주님의 제자인 줄을 안다고 기록되어 있지요. 그래서 내가 콩고에 다시 올 수 있는 기회가 있을 때 온 것입니다.

콩고에 와서 의사로 좋은 일들도 할 수 있고 하나님의 뜻에 갖는 일을 할 수 있기 때문이에요. 내가 영국에 있으면서 큰 집에서 머물고 하나님의 뜻을 버리고 살 수 있었을까? 아닙니다.

하나님은 가라고 하셨습니다. 성경 말씀을 이야기하고 제자들을 만들라고 하셨어요. 그래서 하나님의 뜻에 순종했습니다."

필립과 낸시, 그 두 사람이 많은 좋은 것들을 버리고 이곳에 올 수 있었던 것은, 그들이 결코 선해서가 아니었다. 그들이 가난한 이웃에 대해 특별히 동정심이 많아서도 아니었다. 오직 그들만 이 일을 해야만 했던 것도 아니고, 할 수 있었던 일도 아니었다.

두려웠던 얀쿤데 사건을 경험하고 나서도, 여전히 콩고를 사랑할 수 있었던 건, 서로 사랑하라는 주님의 그 말씀에 순종했던 것이다.

버니아의 예배모습

버니아에서의 주일. 이곳 주민들이 예배를 드리고 있었다. 남녀노소가 오직 한 분을 예배하기 위해 한 자리에 모였다. 그리고 누구라고 할 것 없이 모두 흥겹게 몸을 흔들며 주님께 찬양을 드리는 모습은 정말 보기 좋았다.

마치 다윗이 언약궤 앞에서 춤추며 온 마음으로 기쁘게 주님을 찬양했던 것처럼, 버니아 사람들도 그들의 마음을 즐거이 주님께 드리고 있었다.

교회가 많이 부흥되는 축복을 누린 콩고. 오늘날 많은 교회들이 주일에 자유롭게 예배를 드리고 있었다. 그것은 참으로 복된 일이다. 이 모든 건, 선교사들이 치른 희생과 헌신이 열매 맺은 결과일 것이다.

그러나 앞서 언급하였지만 아직 이곳 콩고에서는 그리스도인의 삶에 대한 훈련과 교육이 많이 부족한 실정이었다. 그래서 필립은 항상 훈련이 필요하다고 이야기했고 그 누구보다도 교육과 훈련의 필요성을 절감한 그였기에 간호학교 교수로서 학생들을 직접 가르치고 있었다.

우리는 필립이 학교에 학생들을 가르치는 모습을 영상에 담을 수 있었다. 그가 수업하는 강의실 안에는 남녀의 많은 콩고 인들이 가득 차 있었다. 필립의 수업을 듣고 있는 이들의 표정은 다들 진지하였는데 자신들이 경험하는 과정이 성장의 길이라는 것을 알기 때문이었다. 이미 그의 수업을 들은 학생들이 병원에서 일하며, 또 신앙 안에서 자라나고 있다고 했다. 이곳에 있는 이들 중에도, 필립의 사역을 이어갈 신실한 종들이 있어 주님께서 세우실 줄을 믿는다.

콩고에 있는 많은 아픈 이들을 콩고인 그들 자신의 손으로 섬기게 될 것이고 또 예수님의 사랑을 전하게 될 것이다.

우리는 필립의 제자인 '엘런 오디피오'를 잠시 인터뷰했다. 콩고인인 그의 나이는 53세이다. 그는 우리에게 이런 말을 했다.

"필립 우드의 생각은 옳습니다. 신앙생활 안에서 믿음이 성장되는 것은 말씀을 듣는 것과 훈련을 통해서 이루어집니다. 말씀을 제대로 이해하고 그 말씀들을 삶 속에서 실천할 수 있을 때 신앙이 온전히 성장할 수 있다고 생각합니다."

콩고의 교회가 때로 아프고 또 문제가 있다고 해도, 하나님께선 이들을 긍휼이 여기시어 교회를 위해 필립과 낸시, 그들을 남겨놓으셨다는 생각을 해 보았다. 선교사들은 모두 떠나고 교회들은 제대로 양육 받지 못해서 어긋난 길을 걷기도 하지만, 그래도 희망이 있는 건 하나님께서 지금 이 순간에도 그 땅에 남겨놓으신 의인을 통해서 일하고 계시기 때문이다.

필립과 낸시, 그들은 아브라함이 그러했듯 고향과 친척. 아버지의 집을 떠나 주님이 보여주시는 땅인 이곳까지 왔다. 소중했을 많은 것을 그곳에 두고 온 필립과 낸시 우드에겐 기약도 없다. 그들이 언제쯤 고향으로 가게 될지, 그들 자신도 모르는 것이다.

어쩌면, 그들에게 있어 고향인 영국과 캐나다로 돌아가는 것이 그다지 중요한 일이 아닐 수도 있을 것이다. 그들 마음에 있는 진짜 고향은 하나님의 나라이기 때문이다.

그들은 스스로 은퇴를 정해두지 않았다. 다만 하나님께서 영국과 캐나다로 다시 그들을 부르실 때, 그들은 아프리카를 떠나게 될 것이라고 말했다. 필립과 낸시는 아프리카를 떠나게 될 때, 세 가지 물건만을 가져갈 것이라고 고백했다.

하나는 선물로 받은 목각 인형, 또 하나는 몇 권의 책들, 그리고 마지막 하나는 이들이 평생을 바친 아프리카의 지도이다.

떠날 때 가지고 갈 것은 그뿐이지만, 그들이 이곳에 남기게 될 것은 너무나 많다. 이들이 이미 뿌린 씨앗은 지금도 아프리카 땅에 풍성한 열매로 맺어지고 있기 때문이었다.

그리고 버니아에서 돌아오는 날 우리는 이들로부터 놀라운 여기를 들었다. 필립, 낸시의 가방이 영국 불스트로드(Bulstrode)에 있다는 것이었다. 우리는 필립으로부터 그 가방을 열어볼 수 있도록, 허락을 받았다. 나는 하나님께서 우리의 여정을 이곳까지 인도하시며 필립과 넌시를 만나도록 하신 그 인도하심과 섭리를 깨달으며, 다시 한 번 감사했다.

우리의 여정이 이곳까지 이르는 계기를 만들어주었던 선교사의 가방 이야기는 위험하고 척박한 콩고의 버니아에서 두 사람을 만나는 과정까지 연결되었다. 그리고 깨달음을 주었다.

필립과 낸시가 사역하는 버니아에 권오중 집사와 이현우 성도는 올 수 없었다. 너무나 위험했기 때문에 필립과 낸시가 2명만 올 스 있다고 했기 때문이다. 나중에 필립과 낸시를 필름을 통해 본 권오중 집사님은 다음과 같은 이야기를 해 주었다.

"그분들이 그렇게 나이 들어서 거기에 계신다는 자체가 놀라웠어요. 본토에 있을 경우에는 은퇴해서 평안한 삶을 사실 나이이신데도 불구하고 거기서 직접 수술을 하시고 하루에 2번씩 8천여 차례의 수술을 하셨다는 자체가 아…, 그분이 진정 예수님이 아니신가 하는 생각이 들었고요. 또 그 영상을 통해서 고난당하는 것도 봤잖아요. 그럼에도 불구하고 계속 남아서 그 일을 하시고 그 일을 즐거워하신다는 자체가 부러웠어요. 개인적으로 나도 뭔가 즐겁게 평생 일하면 얼마나 좋을까! 과연 내가 평생 즐겁게 할 수 있는 것이 무엇일까 하는 생각도 하게 됐고요. 그분들 삶 자체는 너무너무 행복하시다니 너무 부러웠어요. 나도 저렇게 늙어서 행복을 누리며 살 수 있으면 좋겠다는 생각을 했습니다.”

행복한 사명자, 필립과 낸시 우드. 하나님께서 주신 사명을 그들은 여전히 붙잡고 있었으며 포기하지 않았으며, 무엇을 하며 어떻게 살아야 하는지 분명히 알고 있었다. 그래서 행복해 보였다. 큰 기쁨으로 살아가고 있는 두 사람을 보면서 하나님께선 그들을 통해 우리에게 그리스도인은 다른 사람을 위해 살아야 한다는 것을 가르쳐 주시고 있음을 확인할 수 있었다. 그리고 그것이 참된 기쁨임을 알게 되었다. 마지막으로 낸시 우드는 메시지를 남겨 주었다. 그대로 인용하면 다음과 같다.

필립은 영국에 누이동생과 그의 두 아이가 있다.
15년 전에 짐이 많아져서 창고가 찼다.
그리고 집이 두 채이다. 한 채는 자신이 살고 있고 나머지는 렌트해 주었다.
필립의 형제가 있는데 그에게 집과 보트가 있다.

창고에 너무 많은 짐이 있어서 차를 넣지 못했다.

우리는 가방 하나만 두고 영국을 떠났다.

얀쿤데에서 헬렌 로즈비어가 남겨준 집에서 살면서 새로운 집을 짓고 짐을 옮겼다.

1987년 나이베리아로 갈 때 짐은 두고 갔다.

남겨둔 짐은 다음 선교사가 그대로 이어서 사용한다.

떠날 때는 우리가 개인 옷들과 책, 레고, 테이블보, 퍼즐만 가지고 왔다.

2002년에 얀쿤데로 돌아오니 그 가구가 그대로 있었다.

거기에는 결혼했을 때 받았던 5개의 선물이 남아 있었다.

시편 96편이 기록되어 있는 도자기 같은 것이었다. 하나는 촛대이고 나머지는 기억이 나지 않는다. 4개월 이후에 반군이 와서 다 가져갔다.

선교사 생활을 마친 후 고국에 돌아갈 때 많이 가져가지 않을 것이다.

아마도 걸려 있는 그림, 아프리카 지도, 인형 2개, 몇 권의 책을 제외하고는 모두 남기고 갈 것이다. 2002년에 모든 것을 잃어버린 것을 안 친구들은 물었다. 다 잃어버렸는데 콩고에 다시 갈 것인가 물었는데 하나님이 쿠르셨는데 갈 것이라고 하였다.

한국 기독교인이나 캐나다 기독교인이 비슷한 점이 있을 것이다. 무엇을 쥐고 있다는 것이 중요한 것이 아니다.

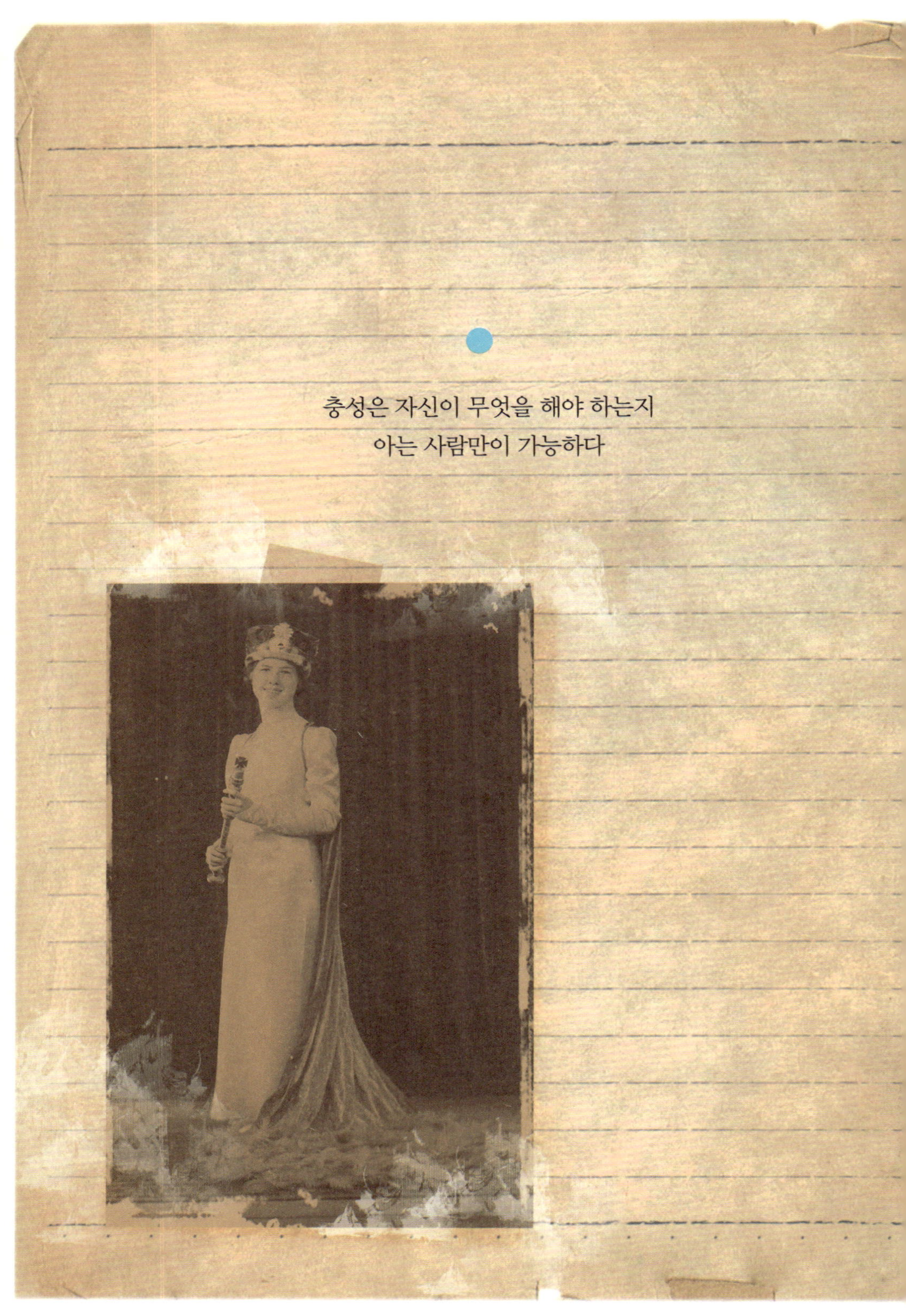

충성은 자신이 무엇을 해야 하는지
아는 사람만이 가능하다

8807 YHJ
8
Y
7A
8

사명, 오직 한 사랑에 충성하다

충성은 자신이 무엇을 해야 하는지 아는 사람만이 가능하다

땅에 떨어진 한 알의 밀알이 되다

4장
사명, 오직 한 사랑에 충성하다

충성은 자신이 무엇을 해야 하는지 아는 사람만이 가능하다

우리는 헬렌 로즈비어와 필립, 낸시와 마찬가지로 WEC 선교사로서 오랜 세월 사역을 했다는 선교사를 만나기 위하여 떠났다. 그곳은 기니비사우, 서부 아프리카의 작은 나라이다. 그곳을 가기 위하여 대서양을 배로 건넜던 마지막 선교사가 있었다. 이제는 배로 선교지로 가는 경우가 거의 없을 것이다. 그래서 WEC에서는 그녀를 공식적으로 마지막으로 배를 타고 떠난 선교사라고 이야기하고 있다.

그녀의 이름은, '아이사 아더'이며 2010년, 그녀를 만났을 때 나이는 86세였다. 그녀는 32세에 이곳에 와서 54년 동안 기니비사우에서 머물며 그곳 사람들을 사랑과 헌신으로 섬기고 있었다.

아이사 아더의 평생 사역 현장이었던 서부 아프리카의 작은 나라, 기니비사우는 어떤 나라인가? 왜 그녀는 그 이름도 생소한 아프리카의 작은 나라에서 그토록 긴 세월을 오직 한 사랑에 매달렸던 것일까?

기니비사우, 그곳은 1973년 9월 포르투갈로부터 독립하고 1974년 9

기니비사우 지도

월 유엔에 가입한 나라이다. 지금은 쿠데타와 내전의 역사가 반복되면서 마약 밀매 거점 국가로 전락한 상태라고도 한다. 종교는 원시 종교와 이슬람교로 거의 90%를 차지하고, 기독교는 불과 5%에 지나지 않는다. 또한 이곳은 세계 최대 빈국 중 하나로서 사회주의 경제체제에서 자본주의 경제체제로 이행을 추진 중이다. 이곳의 어려움을 단적으로 보여줄 수 있는 한 가지 사실은, 기니비사우 사람들의 평균 수명은 남자가 40세, 여자는 45세라는 것이다.

콩고 역시, 평균 수명이 이와 비슷했는데 아이들이 태어나면 그들 중 40%가 풍토병 말라리아 등의 이유로 죽는다고 하니, 이곳 사람들이 얼마나 힘겨운 환경에서 살아가고 있는지 짐작을 할 수 있다. 기니비사우의 공식 언어는 포르투갈어이지만 일반적으로는 '크레욜'이라는 토착어가 사용되고 있다. 우리가 가보았던 콩고와는 비교하지 않아도 될 만큼 기니비사우 역시 열악한 상황이라 할 수 있었다. 그런데 그러한 기니비사우에, 그 어느 곳보다 '복음'이 절실히 필요한 이곳에, 아이사 아더는 젊은 여성의 몸으로 홀로 와서 결혼도 하지 않고 온 생애를 바쳤다. 나는 위대한 한 여성의 이야기를 한국과 영국에서 들었고, 그녀를 직접 만나고 싶다는 생각이 들었다. 하지만 그녀는 나이가 너무도 많고 또 언제 돌아가실지 모른다는 얘기도 들었던 터라, 마음이 급해졌다. 하지만 기니비사우까지 가는 과정은 마음만큼 쉽지 않았다.

2009년 7월 한국에서 아이사 아더라는 선교사의 이야기를 처음 들었을 때 나는 과연 그런 사람이 지금도 남아 있을까 하는 의심이 들었다. 왜냐하면 여성의 몸으로 결혼을 하지 않고 50년이 넘게 한 나라를 섬긴다는 것이 쉬운 일이 아니었기 때문이다. 또한 아이사 아더는 2008년부터 몸이 쇠약해져 있기 때문에 갑자기 돌아가실 수 있다는 이야기를 들었을 때는 기도해야겠다는 생각뿐이었다.

우리는 그녀를 만나기 위해 기니비사우에 가는 문제로 하나님의 인도하심을 위해 기도했다. 그리고 하나님께서 길을 열어주심을 확신하게 된 2009년 12월 17일, 여러 가지로 어려웠던 기니비사우를 향한 발걸음을 내딛었다. 인천에서 오후 7시 45분에 출발한 후 당일 오후 홍콩에 10시 35분 시각에 도착했고, 또다시 오후 11시 50분에 출발하여 다음날 7시 15분 시각에 요한네스버그에 도착했다. 8시간의 시차가 있으므로 비행시간은 15시간 25분이 소요된 것이다.

이제까지 비행시간만 정리해보아도 엄청났는데 다시 세네갈로 출발했다. 18일 오후 7시에 출발하여, 비행 소요시간은 8시간. 우리는 세네갈 다카르에 19일 새벽에 도착했다. 그런데 입국 수속에 필요한 절차 중 주소를 기록해야 하는데 한국인으로서 최초로 기니비사우에서 20년 가까이 사역을 하고 있는 이인응 선교사의 현지 주소를 미처 준비하지 못했다. 우리는 기니비사우로 향하는 여정에서 그와 만나기로 되어 있었다. 그러다 다행히 현지인의 도움으로 전화를 하여 무사히 이인응 선교사 부부를 만날 수 있었다.

다음날 아침, 세네갈에서 묵고 있던 숙소에서 나와 떠날 채비를 했다. 오전에 대사관에서 비자를 받고 식사를 한 후 차를 한 잔 마시기 위하여 대서양이 보이는 곳으로 가보았는데, 아름다운 곳이었다. 남아프리카에서는 희망봉이 끝이라면, 서부 아프리카의 끝은 이곳이라는 이야기를 들었다. 우리는 세네갈에서 기비니사우까지 육로로 이동하기로 회의를 통해 결정했다. 육로로 이동하는 이유는 일단 배로 가는 것이 어려운 사정임을 알게 되었기 때문이다.

이후, 세네갈을 지나 감비아로, 감비아에서 세네갈령 지겐쇼로, 그리고 그곳에서 1박한 후 다시 기니비사우로 향했다. 기니비사우로 가는 길은 역시 쉽지 않았다. 차를 타고 육로로 기니비사우로 향하는 여정. 이곳이 아프리카라는 사실을 새삼 되새기며, 나는 여전히 기도하는 마음이었다. 이곳은 어느 순간에 어떤 상황이 펼쳐질지 아무 것도 예상할 수 없는 곳이기 때문이다.

또한 이전 같지 않게 마음의 부담이 크게 다가왔다. 우리가 어떻게 이렇게 짧은 시간 동안, 20년 이상 길게는 50년이 넘도록 사역하는 선교사들의 삶을 제한된 영상에 담을 수 있겠는가 하는 안타까움 때문이었다. 그래서 하나님께 기도하면서 나아갈 수 있기를 소망하였다.

가는 도중, 차가 2번이나 파손되었다. 한 번은 기어 변속 고장, 두 번째는 엔진 오일 박스에 구멍이 난 것이다. 온전하지 못한 도로사정이 문제였다.

그렇게 찾아온 기니비사우, 그곳에서 우리는 아이사 아더를 만날 수

아이사 아더와 함께

있었다. 아이사 아더의 허리는 세월의 무게에 눌려 굽어 있었다.

아이사 아더는 스코틀랜드에서 4남 3녀 중 막내로 태어났다. 아버지의 직업은 광산 근로자였는데 막내로 자라서인지 부모의 귀여움을 받고 있었다. 그녀는 기니비사우로 오기 전까지 간호사로 준비되어가고 있었다. 그리고 1956년 11월 20일 기니비사우의 비사우 항구로 도착했다. 그때 마중 나온 사람이 에라테스토 리마 장로이다. 그는 그 당시 항구의 세관에 근무 중이었는데 최근에 기니비사우의 선교사역을 책으로 정리하였다.

아이사 아더의 간호사 시절의 모습. 왼쪽

아이사 아더는 영국을 거쳐 포르투칼로 이동한 후 배를 타고 기니비사우로 간호사로 들어왔다. 선교사 오리엔테이션을 7개월 동안 받자마자 섬으로 갔고 그곳에서 고아들을 위한 사역과 문둥병 병원에서 간호 사역을 하였다. 그때 아이사 아더는 고아들을 돌보기도 했는데 '파파'라는 13살 난 아이를 양자로 받아 들였다. 파파는 1972년에 육지에서 제일 먼 우뇨꼼(UNHOCOMO) 섬에서 태어났는데 그의 할아버지는 추장이었다. 부모는 이혼하였고 어머니는 재혼하였다. 그 당시에 아이사는 섬 지역을 왕래하였고 파파는 오랑고(ORANGO)에서 자랐다. 아이사와 파파 모두 이 과정을 통하여 만나게 되었다. 그리고 오랑고 섬에서 언어를 계속 배워갔다. 그곳에서 전도도 하고 환자를 돌보고 인근 섬에 돌면서 환자들을 치료하였다.

이후 성경번역을 시작했는데 가장 먼저 비지고(BIJAGOS) 군도에 쓰는 비지고 언어로 성경번역을 했다. 그때는 신약성경만 하였다. 1971년에 시작하여 1976년 12월에 완성되었다. 성경번역이라는 특성상 혼자서 하는 것은 매우 어렵다. 그래서 하나님은 아이사 아더에게 함께 할 수 있는 동역자들을 허락해 주셨고 섬에서는 성도들이 큰 힘이 되어주어 완성할 수 있었다. 아이사는 1977년에 비사우로 와서 끄레욜 성경을 번역하기 시작했다. 신약의 요한복음부터 번역하기 시작하여 1990년에 신, 구약 모두를 완성하였다. 많은 희생과 오랜 세월의 노고 후에 하나님의 도움으로 성경번역 작업이 끝나게 된 후 1998년 성서공회에 의해 인쇄가 되었으며 하나님께 감사를 돌릴 수 있었다. 끄레욜로 번역되고 인쇄된 끄레욜 성경은 공식적인 배포를 위해 적당한 형식이 필요했으므로 특별 헌증 예배를 구성하게 되었고 이 중요한 사건을 모든 기니비사우인들이 알 수 있도록 하였다. 성경 헌증식은 2000년 11월 14일 기니비사우의 중앙교회에서 이루어졌다. 헌증식 예배에서 아이사 아더 선교사가 하나님께 드리는 나의 감사라는 제목으로 답사한 내용은 다음과 같다.

> Papel과 Crioulo로 성경을 번역하기 전 저는 한 교회를 방문했었는데 그곳에서 한 이상한 장면을 보게 되었습니다. 성경 말씀을 봉독하는 순간에(거의 대중들이 이해할 수 없는 언어로) 많은 사람들이 관심 없다는 표시처럼 머리를 숙이고 있었습니다. 그 순간은 아무 의미 없이 잃어버리는 시간이었습니다. 그러나 이제는 자기들의 언어로 기록된 하나님의 말씀이 존재함으로 그러한 자세들은 근본적으로 변화되리라 믿습니다. 하나님께 감사를 드립니다.

아이사 아더 선교사가 하나님의 도우심으로 번역한 끄레욜 성경은 많은 이들로 하여금 기니비사우의 가장 큰 문화유산으로 인식되고 있었다.

아이사 아더는 성경을 번역하는 일이 주님께서 맡기신 일임을 확신하고 있었다. 자신의 마지막까지 있어야 할 자리가 어디인지를 알고 있는 선교사였다. 그녀 스스로도 표현했지만 어두운 곳, 햇빛이 가늘게 들어오는 사진 속의 작은 책상이 그녀의 평생 작은 사역지인 셈이다. 그녀는 젊은 날 동안 간호사였던 자신의 달란트를 숨기지 않고 섬 지역으로 전

양아들 파파와 이룬 가족사진. 오래되어 빛이 바래있다

도를 다니면서 고아들을 돌보았다. 기니비사우에는 본토 외에도 50여 개의 섬들이 있다. 아이사 아더의 초반 사역은 본토가 아닌 섬 지역에서 이루어졌다.

그녀는 최소 12명에서 20여 명에 이르기까지 버림받은 아이들을 직접 자신의 집에서 양자로 기르며, 그 아이들을 교육하고 사랑으로 훈련시키는 일을 하였다.

이렇게 하여 기르던 아이들이 장성하면, 또 다른 아이들을 거두어 그들을 사랑하고 교육하였다고 한다. 그녀는 그렇게 혼자의 몸으로 거대한 일을 해냈지만, 그 성품은 조용하고 겸손했다.

아이사 아더가 성경 번역을 하던 모습

아이사 아더는 소천 할 때까지 양아들 '파파'와 함께 가족을 이루며 살고 있었다. 파파는 그의 양어머니가 된 아이사 아더에 대해, 친어머니의 정으로 자신을 양육했음을 증언해 주었다.

우리는 그녀에게 왜 결혼하지 않았느냐고 질문했다.

"물론 결혼할 수도 있었겠지만 이곳에 왔을 때 이미 결혼한 여성들을 봐왔어요. 그들은 항상 긴장해 있었지요. 그들에겐 자라나는 아이들도 있었고 자신들이 하고 싶은 일도 있었어요. 하지만 아이들을 키우기 위해 집중하면서 자신들이 해야 할 일을 잊어버리게 되는 안타까운 상황들을 많이 보게 되었어요. 저는 제가 해야 할 일이 무엇인지 알고 있었습니다. 그래서 성경을 번역하기 위해서는 결혼을 하지 않는 것이 오히려 도움이 될 것 같아 결혼을 하지 않았습니다."

아이사 아더의 이 말은 그녀가 어떤 마음의 중심을 가지고 살았는지 알 수 있게 하였다. 주님께서 맡겨주신 일을 하기 위해서 자신이 해야 할 일을 점검하였고 최상의 결과를 내기 위해 결정을 내려야만 했던 것이었다. 그것이 결혼을 포기해야 할 정도였다면 결혼의 가치에 대한 평가를 떠나 주님께서 맡겨주신 사명중심의 삶을 살았다는 것을 알게 하였다.

그리고 1997~1998년에는 기니비사우에서 내전이 있었다. 1997년 5월 급료를 지급하지 않은 데 대한 불만으로 국가공무원의 폭동이 수도 비사우에서 발생했다. 1998년 6월 군의 쿠데타가 미수에 그쳤으나, 내전이 격화되어 수도에서 10만 명이 피난하였다.

그리고 같은 해, 8월 무장해제 등의 문제를 남긴 채 기니비사우는 정부군과 쿠데타군이 휴전에 합의하는 것으로 내전이 종결되게 되었다.

그녀는 그와 같은 내전이 격화되었던 1998년에 모든 선교사들이 떠나는 가운데에서도, 여전히 사명의 자리를 떠나지 않았다고 한다. 심지어 그녀는 내전 중에 가장 위험했던 장소인 군부대 옆 자신의 집에서 결코 움직이지 않았다.

심지어 폭탄이 날아다니는 중에도 그 현장에서 여전히 성경번역에 혼신을 다했었을 뿐이었다고, 현지 선교사인 케빈 클락은 증언하였다. 그의 증언은 그녀가 얼마나 강한 여인이고 소명에 붙들려 살아온 사람인지 알게 하였다.

나는 이제까지 이번 다큐멘터리를 위한 여정으로 인해 많은 지역을 돌아보게 되었다. 그리고 촬영을 하면서 느낌 점이 분명히 있었다. 그러나 이번 아이사 아더와의 만남은 나에게 있어서는 좀 특별하다.

그녀와의 만남이 준 감동과 큰 충격은 이루 말할 수 없었다. 그 이유를 설명하라면, 글로 옮기기가 쉽지 않다. 그 이유는 나도 잘 모르겠다.

그녀를 처음 만났었을 때, 왜 나의 마음에 그토록 감동이 일었던 건지 모르겠다. 그녀는 겉으로 보기에, 이제는 너무 나이가 들어 허리가 굽은 자그만 체구의 여인일 뿐이었는데, 이제까지 만난 사람과는 다르게 특별함을 가지고 있었다.

한국과 영국에서 아이사 아더에 대해 처음 들었을 때, 그녀의 나이가 86세인지라 이제는 쉬면서 남은 여생을 보내고 있는 줄 알았다. 너무 장기사역을 하여 자신의 출생지인 스코틀랜드에 연고가 없어 돌아가지 못했으리라는 생각도 했다.

그런데 그렇지 않았다. 86세인 그녀는 내가 찾아간 그 순간에도 성경 주석을 하고 있었고, 매일 집으로 아이사 아더를 찾아오는 사람들이 많았다. 또한 스코틀랜드의 모 교회에서는 여전히 그녀에게 성탄절 카드를 보내고 사랑으로 관심을 표하고 있었다. 그녀의 친척들도 그녀를 사랑하고 있고 아직도 기다리고 있음을 확인할 수 있었다.

그런데도 아이사 아더는 기니비사우를 떠나지 않았다. 왜 은퇴 이후 고향인 스코틀랜드로 돌아가지 않았는지 그 이유를 말하지는 않았으나, 그녀는 자신의 사명을 통해 자신이 이곳에 남아야 될 이유를 설명하고 있다.

자신의 조그마한 책상 앞에 앉은 그 모습은 정말 자신이 왜 존재하고 있는지, 하나님께서 자신에게 무엇을 맡기셨는지 진정 아는 사람의 모습이었다.

아이사 아더의 집을 처음 방문하여 그녀의 손을 붙잡았을 때, 그녀는 나에게 단지 이런 말을 해주었다.

"바쁠 텐데 어떻게 이런 먼 곳까지 찾아왔어요?"

이제는 허리가 굽고 목소리는 작으며 머리는 희어지다 못해 서서히 빠져가는 이 연세 많은 선교사는, 그녀보다 큰 나를 더욱 작게 만들었고 잡은 손을 놓을 수 없게 만들었다.

아이사 아더에 대한 노먼 커트버트 선교사의 인터뷰를 했던 것을 옮겨 적는다.

"아이사 아더는 간호사였고 의료 선교사로 기니비사우에 왔습니다. 그녀는 작은 병원을 통해 일을 하다가 그들의 언어로 된 하나님의 말씀이 없다는 것을 알게 되었지요. 그래서 그때부터 원주민어를 배우기 시작했고 글을 쓸 수 있게 되자 번역을 하기 시작했습니다. 그녀는 혼자 다섯 사람의 역할을 했어요. 어느 누구도 그녀만큼 일할 수 없었습니다."

아이버 데이비스의 아들인 에반 데이비스 선교사의 인터뷰 내용도 있다.

"아이사 아더는 기니비사우에서 오랫동안 주님을 섬겼어요. 지역 사람들을 위해 성경을 번역하는 것뿐 아니라 복음을 전하고, 교회를 개척하고 고아원을 운영했습니다. 아주 특별한 여성입니다."

선교사들의 증언처럼 아이사 아더는 기니비사우를 위해 많은 일을 했고, 하나님께선 그녀의 삶을 통해 기니비사우를 향한 당신의 사랑을 이루어 가셨다. 기니비사우 사람들에게 말씀을 주셨고 고아를 먹이셨고 양육하셨으며, 당신의 교회를 세우신 것이다.

한 나라를 위한 그와 같은 귀하고도 소중한 하나님의 계획하심에, 주님께선 단지 연약한 한 여인을 선택하셨을 뿐이었다. 기니비사우와는 전혀 상관이 없던 스코틀랜드 출신의 여인, 바로 아이사 아더를 말이다.

그 모든 건, 그녀가 주님께 그녀의 온 삶을 다 드렸기에 가능한 일일 것이다.

그녀를 처음 만났을 때 목소리가 너무 작아서 듣기 어려울 정도였다. 3년 전에는 생명이 위험할 정도의 병색이 있었다고 한다. 그녀가 일생을 기꺼이 드리기를 기뻐할 만큼 사랑하는 주님께서 언제 그 품으로 그녀를 부르실지 모르나, 그녀는 그럼에도 자신의 사명을 감당하는 자리에서 떠나지 않았다.

아이사 아더는 인터뷰에서 이런 답을 했다.

"모든 부족에게 필요한 것은 바로 하나님의 말씀을 자신들의 언어로 갖는 것입니다. 많은 부족들이 그렇지 못합니다. 그들은 언어도 없고 성

아이사 아더를 찾아온 이인웅 선교사 부부

경도 없어요. 아무것도 없는 것입니다."

그러나 이젠, 기니비사우의 많은 이들이 아이사 아더로 인하여 그들의 언어로 된 성경을 갖게 되었다. 이것은 기니비사우가 받은 하나님의 크신 선물이다.

하나님께선 한 여인이 드린 그녀의 삶을 받으시고, 그것에 몇 배로 갚으사 기니비사우에 말씀을 주시고 수많은 영혼을 살리셨다.

'내가 진실로 진실로 너희에게 이르노니 한 알의 밀이 땅에 떨어져 죽지 아니하면 한 알 그대로 있고 죽으면 많은 열매를 맺느니라.' 요한복음 12장 24절 말씀이 떠오른다.

과연 주께서 말씀하신 대로, 아이사 아더의 삶은 한 알의 밀알이 되어 땅에 떨어져 죽어 많은 열매를 맺었고, 또 지금도 맺고 있다.

아이사 아더와 마찬가지로 척박한 땅, 기니비사우에서 사역하고 있는 이인웅 선교사 부부와 함께 그녀의 집을 찾아 갔었다. 과거 기니비사우에 그들 부부가 처음 왔을 때, 도움을 주었던 아이사를 인사차 방문한 것이었다.

여느 때와 마찬가지로 작은 방 조그만 책상 앞에 한결같은 모습으로 앉아 있던 그녀는 우리를 반갑게 맞아주었다.

아이사 아더의 집에는 전기가 없기 때문에, 늘 햇빛을 의지해서 성경 번역과 주석 작업을 해왔다. 하지만 작은 창을 통하여 햇빛이 들어오는 모습이 그녀가 있는 곳을 정말 은혜롭고 성스러운 곳처럼 느끼게 해주었다.

아이사는 1989년 처음으로 기니비사우에 들어와서 사역을 하는 이순환 선교사에게 자신에게 온 크리스마스 카드를 주면서 전도할 때 사용하라고 했었다. 그래서 이순환 선교사는 카드 속의 내지에 복음의 메시지를 담아 전도를 하였다.

또한 아이사는 기니비사우의 공식 언어로 번역된 크레욜어 성경 번역본을 이순환 선교사에게 주었다고 한다. 그때 아이사의 선물은 기니비사우를 처음 와서 모든 것이 낯설어 어려웠을 이순환 선교사에게 커다란 힘이 되었을 것임은 의심의 여지가 없었다.

서로 다른 국적을 가졌고, 서로 전혀 상관이 없었을 아이사와 이인웅 선교사 부부. 그런데 그들은 같은 사랑을 가지고 있었다. 첫 번째는 그리스도를 향한 사랑이요, 그 다음엔 기니비사우를 향한 포기할 수 없는 사랑이다.

그와 같은 사랑이 그들 마음에 지금도 변함없이 살아 있어 가득했고, 그들이 만난 이 순간, 그 사랑이 그들을 귀한 인연으로 이어주며 또 그들의 마음을 이어 주었다.

이순환 선교사와 아이사가 대화하던 중, 그녀에게 질문을 했다.

"왜 고향으로 돌아가지 않았나요?"

"2004년에 사람들은 제가 고향으로 돌아가길 바랐습니다. 그때 저는

아이사 아더의 장례식 사진

사람들에게 말했어요. 나는 고향에서 다시 이곳으로 돌아올 것입니다. 왜냐하면 이곳이 나의 집이기 때문입니다.”

이순환 선교사의 질문에 그와 같은 답변을 한 아이사 아더. 그러면서 그녀는 우리에게 다시 미소를 머금어 주었다.

아이사는 기니비사우에서 54년 동안 사역하는 긴 세월 동안, 아마도 단 한순간도 그녀가 어떻게 살아야 하는지 무엇을 해야 하는지 잊어본 적이 없었을 것이다.

그녀의 삶은, 때로 사명을 잊어버린 채 살아가고 있는 그리스도인에게, 그리고 왜 살아가야 하는지 삶의 목적과 꿈을 잃어버리고 방황하며 삶을 포기하기도 하는 수많은 비그리스도인들에게도, 많은 메시지를 전해주었다.

우리가 길을 나서기 위해 그녀의 집을 나올 때, 허리가 구부정한 모습으로 우리 일행을 배웅하던 아이사 아더의 모습이 떠오른다. 고된 세월에 잔뜩 주름진 그녀의 얼굴이건만, 그럼에도 가득했던 환한 미소가 기니비사우를 떠나 온 지금 이 순간에도 내 기억에서 잊히지 않는다.

땅에 떨어진 한 알의 밀알이 되다

아이사 아더는 우리 촬영 팀이 그곳 기니비사우에 방문할 때까지도, 하나님의 일을 지속하여 섬기고 있었다. 스코틀랜드에서 온 그녀의 일생은 가난한 이들 중에 가장 가난한 사람들을 위해 살고 봉사한 삶이었다.

아이사 아더에 대한 면모는 그녀의 옷장에서도 드러나는데, 그녀는 평생을 동일한 소재와 스타일의 드레스만을 입었다고 한다. 또한 그녀의 물질은 오직 다른 이들에게 베풀어졌다.

이 여인은 평생 동안 진흙 오두막에서 살았고, 우리가 그녀를 만났던 그때까지도 전기가 들어오지 않는 곳에서 햇빛에 의지하여 성경 번역에 열심을 다하고 있었다.

그녀의 삶은 하나님에 대한 헌신 그 자체였으며, 주님 은혜로 삶으로 완성되고 나타난 '사랑'이었다. 언제나 사랑스런 미소와 약간의 유머까지 갖고 있었던 아이사. 그녀는 진정 그리스도인이었다.

그러나 이젠, 그녀의 주름진 얼굴에 가득했던 환한 미소는 이 땅에서 다시 볼 수 없게 되었다. 아이사 아더가 소천한 날은, 그녀의 사역을 영상에 담은 영화인 〈잊혀진 가방〉이 편집을 마치고, 마침내 기자 시사회를 열어 대중에 공개되었던 7월 1일 이후, 꼭 일주일 만이었다. 시사회에서 아이사 아더의 사역에 대한 뜨거운 반응이 있었는데, 그녀의 소천은 주님께서 이 다큐 영화를 통해 무엇을 말씀하시려는지, 더욱 알게 했다.

영화에서 아이사의 마지막 장면은 자신이 번역한 크레욜어로 말씀을 읽는 모습이었다.

한 선교지에서 54년간 사역하고 86세의 나이까지 쉼 없는 사역을 하다가 주님의 품에 안긴 아이사 아더의 마지막 메시지는 이사야 6장 8절 말씀이었다.

내가 또 주의 목소리를 들으니 주께서 이르시되 내가 누
구를 보내며 누가 우리를 위하여 갈꼬 하시니 그때에 내

가 이르되 내가 여기 있나이다 나를 보내소서 하였더니

이사야 6:8

2011년 6월 20일 우리는 아이사 아더의 마지막 장례모습을 담은 영상을 현지에서 받을 수 있었다. 그리고 양아들 파파와 함께 아이사의 무덤이 있는 곳을 방문하였다. 또한 현지에서 돌아가신 아이사 아더 선교사님의 죽음과 관련하여 정확한 소식을 들을 수 있었고 그녀의 남긴 자료들을 가능한 많이 확보할 수 있었다. 그녀가 16살 이던 해, 스코틀랜드에서 가장 아름다웠던 시절의 사진을 볼 수 있었고 일부 잘못된 정보를 바로 잡을 수 있었다.

그녀의 죽음에 대하여 이곳에서 인터뷰를 하였는데 성경주석을 하시다가 책상에 앉아서 돌아가셨다는 매우 감동적인 이야기를 허 주었다. 나 역시 한국에서 그렇게 들었다. 그러나 그녀의 마지막을 지켰던 양아들 파파의 증언은 다소 차이가 있었다. 하지만 그녀의 마지막 3일은 우리가 알던 것보다 더 인간적인 사랑과 하나님에 대한 사랑으로 남겨져 매우 감동적이었다. 이제 54년간 하나님께 충성한 아이사 아더의 마지막을 정확하게 정리하면 다음과 같다.

지금부터 기록하는 글은 아이사 아더의 양아들인 파파의 인터뷰 내용이다. 그는 현재 51세인데 13살 때부터 아이사 아더의 양아들로 살아왔다. 그는 인터뷰를 하면서 연신 눈물을 감추지 못했다.

1924년 10월 10일 스코틀랜드에서 출생한 아이사 아더 선교사는

2010년 7월 8일 목요일 오전 6시 35분 운명했다. 그녀의 나이 87세.

아이사 아더는 자신의 죽음을 인지하고 있었다. 그래서 유언으로 자신이 죽었을 때 불러달라는 찬송가가 있었다. "예수로 나의 구주 삼고"와 "어메이징 그레이스" 이다.

돌아가시기 며칠 전 아프다고 하셔서 병원에 가서 엑스레이를 찍었다. 흉부에 조금 문제가 있었고 링거를 맞았지만 의사는 아이사 아더가 연로하시기 때문에 준비를 해야 할 것 같다고 언질을 주었다.

자신도 하나님께 받은 것이 있어서 마음의 준비를 하고 있었다. 이후 아이사 아더 선교사에게 집에서 치료를 하면서 당분간 쉬어야 된다고 말했다.

2010년 7월 6일 화요일

아이사 아더 선교사는 이 날도 여전히 성경을 주석하고 있었다. 그녀를 돕는 청년이 한 명 있었는데 아이사 아더는 주석도 했지만 이날 따라 청년에게 자신이 지금까지 해놓은 성경 주석을 분리하고 정리할 것을 요청했다.

WEC 선교사들이 병문안을 왔다. 이야기도 좀 하고 찬송도 했으며 자신이 좋아하는 찬양을 선택해서 불러달라고도 했다. 기도를 한 후 WEC 선교사들을 전송하였고 식사도 잘했다. 선교사들이 모두 가고 아이사 아더와 파파만 남았다. 받은 편지들이 많이 있었는데 다 가지고 오라고 했다. 그리고 답장을 썼다. 매우 급하게 썼다. 파파가 우표를 붙이는 일을 했다. 침대에 누어 잠이 들었다.

2010년 7월 7일 수요일

아침 6시까지 자고 일어나서 식사를 했다. 그리고 목욕을 했다. 식사를 한 후 좀 불편해 했다. 그러나 아직까지는 원기가 남았던 것 같았다. 육체적으로 쇠약했지만 영적으로는 강인했다. 아이사 아더는 파파에게 "파파야 그동안 네가 내게 해준 모든 것이 고맙구나. 나는 너를 피곤하게 하고 싶지 않았단다. 피곤해 하지 말거라." 라고 말했다. 그때 파파는 대답하기를 "나는 당신 때문에 피곤할 수 있다. 괜찮다. 왜냐하면 내가 어릴 때 당신이 나를 선택했고 나는 그때부터 지금까지 당신으로부터 너무나 많은 사랑을 받았다. 지금은 내가 당신을 도울 수 있다.' 라고 말했다. 아이사 아더는 계속 "하나님은 너를 축복하실 것이다. 그리고 너희 자녀들을 축복하실 것이다. 고맙다." 라고 말했으며 마지막으로 하나님께 감사하다고 했다.

아이사 아더 선교사를 씻어 주었고 옷도 입혀 드렸다. 그리고 침대에 누울 수 있도록 해 드렸다. 그때 누가 와서 잠시 나갔는데 아이사 아더 선교사는 일어나려고 애를 쓰고 있었다. 그리고 오신 손님과 이야기도 했다. 그런데 아픈 사람 같지 않게 말씀을 잘했다. 그리고 나중에 방문한 사람이 가고 난 후 다시 눕고 싶다고 했다.

그날 밤에 파파가 스프를 준비해서 드렸는데 너무너무 맛있다고 했다. 아이사 아더 선교사는 "네가 끓인 것이 맞느냐?" 고 하면서 웃었다. 그리고 어떻게 준비했느냐고 했다. 양념을 많이 넣었다고 했다.

식사 후 아이사 아더는 파파를 위해서 기도를 해 주었다. 하나님께 감사하고 말씀하실 때는 음성이 평소가 같은 음성이었다. 그리고 누우셨다. 파파는 계속 함께 있었다. 왜냐하면 급작스러운 일이 아니라는 것을 알기 때문이었다. 아이사로부터 자기가 아프다는 소식을 들었을 때 하나님께서는 파파에게 감동을 주셨다고 했다. "내가 아이사를 데려갈 테니까 낫기를 위해 기도하지 말라."고 하셨다. 아이사 아더는 2008년에 위험한 시기가 있었는데 그 날은 4월 20일 이었다. 장례식을 어떻게 할 것인지를 알려 주었다. 만약 주일에 자신이 죽거든 다른 사람들이 예배하는 것을 방해할 수 있기에 알리지 말라고 하였다.

2010년 7월 8일 목요일

새벽에 "파파야 더 이상 아픈 것을 견딜 수가 없구나."라고 말하면서 눈을 떴다감았다를 반복했다. 그리고 가서 자라고 말했다. 그러나 파파는 잠을 자러 가겠지만 조금만 더 있겠다고 했다. 떠날 준비가 되신 것처럼 창백해져 갔다. 새벽 3시에 다리를 만져 보았는데 차가워져 갔다. 그래서 기도하기를 "하나님 시간이 되어서 당신의 종을 데려가시려거든 힘들게 하지 마시옵소서." 라고 기도했다. 하나님의 성실을 보여 달라고 했다. 아이사가 54년을 당신을 위해, 기니비사우를 위해 헌신했으니 그렇게 해달라고 했다. 파파는 6시에 아이사의 마지막을 준비했다. 누군가 자기를 부른 것 같이 느껴서 방으로 뛰어갔는데 아이사가 몸을 뒤로 제 치고 크게 흔들릴 정도로 몰아쉬고 있었다. 그래서 무릎을 꿇고 끌어안았다.

그때 마지막 숨을 쉬셨다. 시간은 아침 6시 35분이었다.

아이사 아더는 자신이 사랑한 나라의 사람, 이방인, 그 양아들의 품에
서 숨을 거두었다. 아이사는 23일 동안 장례를 치르지 못하고 차가운
냉동고에서 머물렀다. 신원을 확인해 줄 사람들이 멀리 영국에서 늦게
도착했기 때문이다. 바로 장례를 치르지 못한 이유는 그녀가 이방인이
라 확인절차가 필요했다. 그녀의 시신은 그녀가 사랑한 서부 아프리카
기니비사우의 공원묘지에 안장되었고 그날은 계속 비가 내렸다. 하지만
우리 팀이 그곳을 파파와 함께 방문했을 때 1년을 몇 일 앞두고 있었지
만 그녀의 무덤에는 아이사 아더의 이름이 기록된 그 무엇도 없었다. 동
판이 들어가야 할 자리는 비워져 있었다. 아직까지는 무명으로 아이사
의 무덤은 존재하고 있다.

아이사 아더가 성경을 읽는 모습

누구를 용서해야 하는 것은
내가 먼저 받았기 때문이다

8807   YHJ   8   Y
7A   8

가장 숭고한 사랑, '십자가'

누구를 용서해야 하는 것은 내가 먼저 받았기 때문이다

아프리카의 빛이 된 그의 꿈

기니비사우에서의 일상, 그들의 사역

기쁨의 축제, 그리고 기니비사우의 소망

5장
가장 숭고한 사랑, '십자가'

누구를 용서해야 하는 것은 내가 먼저 받았기 때문이다

〈잊혀진 가방〉 이라는 다큐멘터리에 한국인 선교사도 참여하여 있으면 하는 마음으로 기도하고 있었는데 한 분을 소개 받게 되었다. 서부 아프리카의 기니비사우라는 작은 나라에 한국인 최초의 선교사가 있는데 20년이 넘도록 사역을 하고 있다고 했다. 평신도로 선교지에서 헌신하고 있는 이인웅, 이순환 선교사이다. 두 분이 특별히 기억에 남았던 것은 사랑하는 딸을 세네갈에서 자신이 사랑해야 하는 아프리카 사람들에 의해 목숨을 잃었다는 것이었다. 하지만 두 사람은 슬픔을 이겨내고 여전히 남아서 주님께서 주신 사명을 잘 감당하고 있다는 것이었다.

나는 이 이야기를 들었을 때 특별한 감동은 없었다. 왜냐하면 이 보다 더한 고통 가운데 사역하는 선교사들을 보았고 들었기 때문이다. 하지만 그 생각은 여지없이 한 편의 짧은 영상으로 인하여 무너졌다. 지금도 많은 분들이 사랑하고 있는 지식채널 e 라는 프로그램이 있는데 그곳에서 "크레파스"라는 제목으로 방송된 영상이었다. 너무나 감동을 받았고 반드시 그 분의 삶을 다큐멘터리로 만들어야겠다는 의지를 갖게 되었다. 그리고 기도하면서 이인응 선교사에게 연락을 했다. 그는 전시회 때문에 한국에 들어올 계획이 있다는 말씀은 해주셨지만 참여하겠다는 약속은 해주지 않았었다. 나는 이번 다큐멘터리가 왜 중요한지에 대하여 분명히 설명을 했다. 그리고 다시 한 번 정중히 요청했을 때 허락해주었다.

이인응, 이순환 선교사의 삶과 사역에 관하여 모두를 다룰 수 없다. 지금도 여전히 진행 중이고 아직 나는 그 분들의 아픔을 다 알 수 있다고 말할 수 없기 때문이다. 하지만 그 분들이 사랑하고 의지하는 주님의 마음을 같이 느낄 수 있기에 진정한 용서가 주는 사역의 힘을 전하고 싶다.

이인응, 이순환 선교사와의 첫 만남

2009년 10월 12일, 연세대학교에서 특별한 시상식이 열렸다. "언더우드 선교 상", 사역지에서 헌신적으로 일한 선교사들에게 주어지는 이 상의 주인공은, 바로 아프리카 기니비사우에서 최초의 한국인 선교사로 사역 중인 이인웅 선교사이다.

시상식에 참여한 이인웅 선교사, 그의 표정은 그저 담담하기만 했다. 그는 언더우드 선교상 시상식과 미술 전시 일정으로 인해, 잠시 그의 아내와 함께 한국에 들린 것이었다.

두 사람이 이름도 생소한 기니비사우에 들어가게 된 것은 지금으로부터 20여 년 전이다. 기니비사우는 아프리카 중에서도 작고 가난한 나라이기에 그 누구도 관심을 기울이지 않던 나라였다.

이인웅 선교사는 1980년에 화가의 꿈을 가지고 독일로 떠났다. 화가의 삶을 살기 위하여 독일에서 6년 가까이 머물면서 어려움이 있었지만 최선을 다하고 있었다. 그러나 생각하지 않게 다시 스페인 라스팔마스로 가게 되었다. 화가의 꿈을 가지고 있었던 그가 환경가운데 주님께서 스페인으로 가게 하시고 그곳은 다름 아닌 섬이었기에 주님께서 왜 이곳까지 보냈는지 의문을 가지고 있었다고 했다. 그렇게 기도를 하고 있는 가운데 선교사로 부르셨다는 것을 알게 되면서 이인웅, 이순환 선교사는 3년 동안 그곳에서 주님께서 구체적으로 가르쳐 주시기를 기도하였다. 그리고 아프리카 선교사로 헌신할 수 있는 믿음을 갖게 되면서 어느 누구도 쉽게 가지 못하는 험난한 사역의 여정을 시작하게 되었다.

그가 그렇게 한국에서 독일로 그리고 독일에서 나와 생각지도 못했던 아프리카 땅, 기니비사우까지 그의 발걸음이 이르게 된 것은 어쩌면 그

이인응, 이순환 선교사 부부

의 의지와는 다른 하나님의 섭리임을 이제는 알 수 있다고 했다. 하지만 그 뜻을 알지 못했던 처음에는 스페인에 머물면서 화가로서 다시 독일로 돌아가려 했었다. 그러나 하나님께선 그를 택하셨고 부르셨다. 일부가 아닌 그의 삶 전체를 원하셨다. 아내 이순환 선교사는 하나님의 부르심에 순종해야 할 그 당시의 이인응 선교사에 대해 이렇게 말하였다.

"그때 하나님이 자기의 전체를 원하신다는 것을 본인이 알았어요. 이 사람 생각에 이렇게 생각했을 거예요. 삶의 어떤 일부분으로서 하나님을 섬기겠다고 말입니다. 근데 전체를 원하신다는 것을 알았어요. 그래서 본인이 많이 울더라고요. 왜 그런 것인지, 그런 모습 저도 처음 봤어요."

결국 이인응 선교사 부부는 하나님의 부르심에 전적으로 순종하여 그들의 미래도, 안전도, 날마다 먹을 양식도 하나님께 맡겨 드렸다.

나는 생각해본다. 그를 둘러싼 모든 염려와 두려움들, 그 모든 걸 무릅쓰고 순종하기 위해 그는 얼마나 커다란 결단을 해야만 했을까! 얼마나 하나님 앞에서 자신과 씨름해야 했을까! 얼마나 많은 것들을 내려놓아야 했을까! 심지어 그의 젊은 날부터 꿈꿔왔던 화가의 꿈까지.

이인응 선교사는 그 모든 걸, 하나님 앞에 내려놓았다. 그 분에게 맡겨드렸다. 그 부르심에 순종하여 멀고도 척박한 땅, 기니비사우에 들어가게 되었다.

당시, 기니비사우는 지금보다 더욱더 어려운 환경이었다. 내전이 있었고, 사회주의 체제에서 개방화 파도의 한가운데 놓여 있었다. 그곳은 최빈국이었고 많은 부분에서 문명의 혜택을 누리기 어려운 열악한 환경이었다. 자원이 없었기에 그 어떤 것으로도 성장을 할 수 있는 기반이 없는 나라였다. 또한 그곳에는 교회가 거의 없었다. 그러한 곳에 선교사의 사명으로 그 땅을 밟는다는 것은, 아무것도 없는 곳에서 처음부터 홀로 시작해야 하는 것이나 다름없었다. 그렇기에, 이인응 선교사 부부로서는 기니비사우는 척박한 땅이었으며 광야와 같은 곳이었다.

그러나 그는 하나님의 부르심에 이끌려 어려움과 위험이 가득한 그곳에 기꺼이 목숨을 걸고 들어갔다. 물론, 기니비사우로 들어가는 여정 가운데에서도 말 못할 고초와 힘겨움이 있었음은 말할 것도 없었다. 모든 것을 내려놓고 하나님의 부르심에 전적으로 순종한 그들 부부인데도, 그들이 기니비사우에 이르기까지조차도 많은 어려움이 있었던 것이다.

이인응 선교사 부부는 기니비사우에서 사역을 하고자 했을 때, '믿음 선교'라는 참으로 어려운 길을 자청했다. 마땅한 후원자도 없이 무작정 하나님의 음성에 이끌려 낯선 땅으로 떠난 것이다.

아무것도 없는 곳에, 도와줄 누군가도 없는 곳에, 위험천만한 낯선 곳에 궁색한 처지로 어린자녀 둘까지 이끌고서 달랑 몸만 떠난 그들이었다.

하지만 그들을 부르신 이는 하나님이시니 반드시 책임져주실 거라는, 이미 모든 필요를 예비해놓으셨을 거라는, 어쩌면 무모해 보일 수도 있는 믿음이 그들에게 있었다.

이인응 선교사는 자신이 했던 선택에 대해 이런 말을 했다.

"다른 사람이 보면 무모하다고 할 수 있어요. 아무런 재정 지원 대책도 없이… 하지만 저희 부부는 신실하신 하나님의 공급을 느낄 수 있었어요. 정말 돈이 필요할 때, 생각지도 못한 사람이 와서 봉투를 슬그머니 내밀면서 하나님이 시키신 일이라고 하더라고요."

그렇게 해서 시작한 기니비사우 사역이었다. 물론, 처음 시작할 때는 너무도 어려웠다. 당장 그곳에 적응하며 살아가는 것조차, 그들에게는 커다란 부담으로 다가왔기 때문이었다. 그러나 이인응 선교사는 청년과 어린이 사역을 시작했고, 금세 성도들이 불어났다.

하지만 곧 예기치 못한 어려움들로 인하여 중단되어야만 했었는데, 외부인에게 도움 받는데 익숙한 현지인들에게 물질적 댓가 없는 복음을 전하는 것은 쉽지 않았기 때문이었다. 그래서 고민 끝에, 8~12세 아이들 대상으로 하는 선교사역에 주력했다.

그러나 1998년, 그들에게 위기가 찾아왔다. 기니비사우에 내전이 일어난 것이다. 그 혼란과 포화의 중심에 이인응 선교사 부부와 그들의 어린 자녀, 그리고 그들이 자식처럼 양육해온 교회가 속수무책으로 놓이게 되었다.

기니비사우에서는 피난민들의 행렬이 줄지었고, 이인응 선교사와 그들 가족들도 피난민의 대열에 섞여 생명처럼 지켰던 교회를 떠나야만 했다. 이인응 선교사 부부는 내전을 피해 세네갈로 몸을 숨겼다.

그러나 눈물을 머금고 교회를 두고 떠나와야 했던, 이인응 선교사는 결국 한 달 뒤 전쟁이 한창인 그곳을 향해 다시 돌아갔다. 양을 잃은 목

무너진 교회의 모습

자의 심정으로, 교회를 두고 떠날 수 없던 목자의 심정으로, 목숨을 걸고 사역지를 찾아간 것이다.

위험을 무릅쓰고 돌아간 교회는 참혹하게 무너져 있었다. 아마도 그때, 무너진 교회처럼 그의 마음도 함께 참담하게 무너졌을 것이다.

하지만 이인응 선교사는 더 이상 절망 가운데 머물러 있지 않았다. 그는 다시 교회의 회복을 위해 땀을 흘렸고, 주님 앞에 눈물로 무릎을 꿇었다.

계속되는 이슬람의 협박도 복음 전하는 일의 열정을 막지 못했다. 시

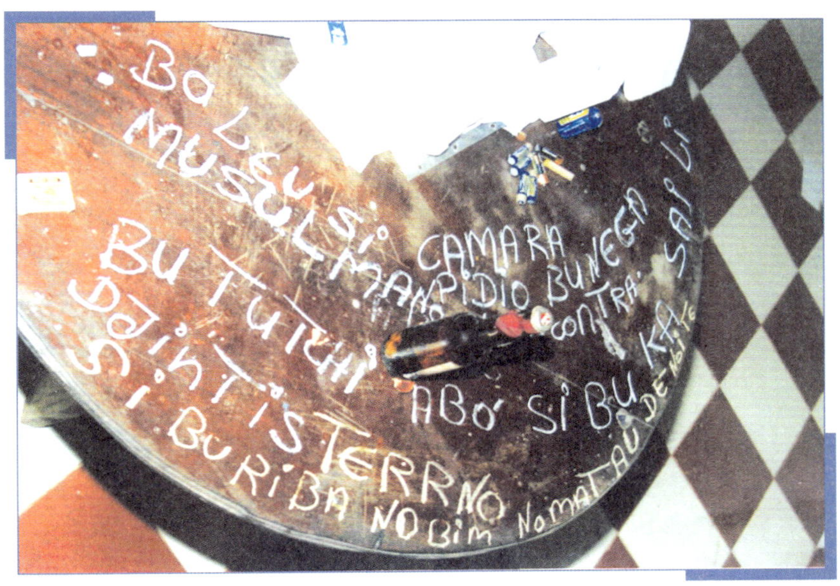

이슬람 협박사진

련은 끝이 없었고 가족들은 힘겨운 시간을 보내야 했다. 재산을 도둑맞기도 했고, 생명의 위협을 느끼기도 했으며, 풍토병과 피부병에 시달리며 몇 개월씩 누워 지내야만 했던 시간도 있었다.

그들 부부는 노방 전도를 통해 아이들을 모은 뒤, 나무 그늘 아래에서 교회학교를 열었다. 우기가 되면 매일 폭우가 쏟아졌지만, 신기하게도 예배를 드릴 시간이면 거짓말처럼 하늘이 개이기도 했다.

1992년부터 아프리카 문화 선교회에 소속되어 밀리따르 지역에 2만 평의 부지를 매입하여 바이로 밀리따르 교회와 만사바 교회를 개척하였다. 그러했던 힘겨운 시간 가운데, 어느덧 그에게 후원해주는 교회가 생기고 2003년에는 교회 헌당 예배를 드릴 수 있게 되었다.

아무것도 없던 가운데 시작한 그의 사역. 그는 전문적인 선교훈련을 받았던 것도 아니고 목사 안수를 받은 것도 아니었다. 그를 물질적으로나 기도로서 후원해주는 교회가 있는 것도 아니었다. 그저 맨몸으로 일구기 시작한 사역이었고, 복음이 없던 척박한 땅에서 시작한 사역이었다.

다만 그에게는 오직 하나님만 계셨다. 때때로 채워주시는 하나님의 은혜와 어려울 때마다 도우심이 있었기에, 이인응 선교사 부부는 광야와 같은 기니비사우에서 견딜 수 있었고, 무너지지 않을 수 있었고 또 이겨낼 수 있었다.

이제는, 밀리따르 지역에 바이로 밀리따르 교회와 만사바 교회를 개척한 이인응 선교사 부부는 현지의 교회가 다시 개척한 제리케 교회를 포함하여 7개의 교회학교와 350여 명의 학생을 교육시키는 등, 현지의 지도자를 배출하는 일을 감당하고 있다.

개척초기 사진

복음이 전해지지 않던 척박한 땅에 이인웅 선교사 부부의 사역이 참으로 귀한 것은, 그곳에 주님으로부터 흘러나오는 생수가 흐르기 시작한 것이다.

그가 성공적으로 개척한 밀리따르 교회는 현재 장년이 500여 명이 넘고, 주일학교 아이들이 1천 명이 넘는 큰 교회로 성장했다고 한다. 교회에 머물러 있으면, 어디를 가든 아이들의 떠들썩한 소리가 가득하다.

아무것도 없던 마른 땅에 그들이 뿌린 씨앗이 그토록 자랄 수 있었던 것은, 또한 열매를 맺을 수 있었던 것은 어쩌면 기적이라 불러도 좋았다. 돕는 사람도, 물질도, 전문적인 능력이 있던 것도 아니었는데, 그와 같이 사역의 열매로 교회를 세우고 아이들을 가르치고, 그 중에서는 신학을 공부하는 학생들도 있게 되었으니 말이다.

그 모든 건, 믿음으로 기니비사우로 향했던 그때의 이인웅 선교사 부부의 발걸음을 하나님께서 동행하시고 함께 하셨기 때문일 것이다.

그가 하나님께 드렸던 눈물 뿌린 믿음은 이제 가난하고 척박한 땅 기니비사우에서 아름다운 열매로 맺어지고 있다.

아프리카의 빛이 된 그의 꿈

이인웅 선교사는 연세대학교에서 있었던 시상식 후에, 밀알 미술관에서 전시회를 가졌다. 우리는 전시회 소식을 듣고 함께 미술관 전시장을 찾았다. 전시회의 제목은 '아프리카의 빛' 이었다.

권오중 집사와 이현우 성도, 두 사람 모두 흰색 상의에 청바지를 입은 깔끔한 차림으로 전시장에 방문하여 전시된 그림들을 관람을 했다.

이인웅 선교사의 그림들은 전부 기니비사우 사람들을 크레파스로 그린 인물화였다. 기니비사우에서 이웃한 사람들이나 교회 청년들, 아이들의 평범한 일상이 화폭 위에 펼쳐져 있었다. 다만 특이한 점은, 그 모든 그림들 안에는 크레욜어로 쓰인 글자들이 무수히 들어가 있다는 것이다.

권오중 집사는 그곳에서 우리를 맞이한 이인웅 선교사에게 그림을 가리키며 질문을 하였다.

"이게 글씨인가요?"

"예, 글씨는 현지 종족어로 된 크레욜 성경 말씀입니다. 시편 말씀이
지요. 믿지 않는 현지인들이 하나님 말씀 안에서 변화되었으면 하는 바
람을, 글을 통해서 표현을 한 거지요. 암시적으로."

이인응 선교사의 그림

다시 이현우 성도가 이인웅 선교사에게 그림 속 기니비사우 사람들에 대한 소감을 말했다.

"눈이 굉장히 커서 일단 보기에 선량한 느낌이 드네요."

"네, 선한 편이지요."

한동안 그림을 둘러보던 권오중 집사가 한 그림을 발견하고 입을 열었다.

"아, 이게 팸플릿에서 봤던 그림이잖아요?"

그 그림은, 투명한 땀방울을 흘리고 있는 검은 피부의 소녀의 모습과 선글라스를 낀 한 남자의 모습을 대비된 모습으로 그려져 있었다. 이인웅 선교사는 그 그림에 대한 설명을 해 주었다.

"여자들이 힘들게 노동을 많이 하거든요. 소녀 때부터…. 그리고 남자들은 주로 놀죠. 여자들이 일을 많이 하고 힘든 삶을 사는 반면 남자들은 굉장히 편하게 삽니다. 이런 모습을 대비해서 그린 그림입니다."

하나님의 부르심에 이끌려 기니비사우에 가서 선교사 사역을 하고 있는 이인웅 선교사. 그렇기에 그는 그의 젊었을 적 소중한 꿈을 포기해야만 했었다. 그곳 기니비사우에선 도저히 그림을 그릴 수 있는 형편도 아니었고, 다만 사역에 매달려야만 했었다. 또한 그는 부르심에 순종하고자 하는 마음을 먹었을 때, 이미 그는 화가의 꿈을 포기했었다.

하지만 그곳에서 아이들을 위해 성경의 내용을 그림으로 그려 사역의 도구로 활용했었는데, 하나님께선 자신의 소중한 꿈마저 포기했던 이인웅 선교사의 달란트를 결코 버려두지 않으시고, 귀하게 써주셨던 것이다.

하나님은 당신을 위해 기꺼이 포기했던 이인웅 선교사의 꿈을 잊지 않으셨다. 그의 꿈은 단지 잊혀지고 버려진 것이 아닌, 주님께서 기억하시고 그 손으로 받으신 것이었다. 그의 꿈은 다시 하나님의 손 안에서 새롭게 빚어졌다.

그의 마음 안에서 이미 죽었던 이전 꿈은, 다시 십자가를 지나 하나님 안에서 새롭게 회복된 것이었다. 그래서 그의 화가의 꿈은, 그저 이인응 한 사람에게 머물던 모습에서 이제는 아프리카의 수많은 영혼들을 위한 선교의 도구로서의 모습으로 변화되었다.

이인응 선교사 그가 포기했던 것은, 화가의 꿈 그 자체가 아닌 다만 작은 울타리 안에 갇혀있던 모습으로서의 꿈이었던 것이었다. 이전보다 더 좋은 모습으로 변화시키시는 하나님의 일하심은, 단지 사람의 영혼 뿐만 아니라 그의 꿈에까지 미치고 있었던 것이다.

이인응 선교사, 그는 주님을 위해서 많은 것을 포기하고 잃어버린 것처럼 보인다. 하지만, 실은 아무것도 잃은 것이 없었다. 왜냐면, 그는 주님을 선택했고 그로 인해 그는 주님이 주시는 것을 다시 얻었기 때문이다.

단지 예술이었을 뿐인 그의 그림은 이제 아프리카의 빛의 도구로 쓰임 받게 된 것이다.

주께서 이같이 우리에게 명하시되 내가 너를 이방의 빛
으로 삼아 너로 땅 끝까지 구원하게 하리라 하셨느니라
하니 이방인들이 듣고 기뻐하여 하나님의 말씀을 찬송하
며 영생을 주시기로 작정된 자는 다 믿더라

사도행전13:47~48

주님께선 이인응 선교사 부부를 이방의 빛으로 삼으셨고 그를 통해 아프리카의 작은 나라 기니비사우가 듣고 기뻐하여 더욱 하나님의 말씀을 찬송하게 하셨다.

한 알의 밀알이 된 아이사 아더가 그랬고, 순교한 선교사들도 그러했고, 주님을 위해 일생을 드린 주의 종들이 전부 그러했듯, 주님께 그들의 가장 소중한 것을 전부 드렸고, 그들이 드린 것들은 전부 한 알의 밀알이 되어 열매를 맺었다.

주님께서 일하시는 방식은 그러한 것 같다. 또 주님께서 소중하게 받으신 것은 그렇게 많은 열매가 되어 돌아오는 것 같다.

한 어린 아이가 드린 오병이어를 주님께서 받으심으로 수많은 사람들을 위한 귀한 양식이 되었던 것처럼, 주님께 드려진 한 사람의 희생의 삶은 결국 수많은 영혼들을 살리는 구원이 되었다.

하지만 그러한 순종을 할 수 있기까지, 이인응 선교사는 20년 전, 무려 하나님의 부르심에 따르기 위해 일주일간 주님 앞에서 눈물로 씨름을 해야 했다. 겟세마네에서 드려진 주님의 기도처럼, 그는 자신을 위한 많은 것을 주님 앞에 내려놓았다. 그가 포기해야 할 부분이 너무도 컸기에 힘겨웠던 기도였을 것이다.

아마도, 그 기도는 주님의 겟세마네 기도처럼 하나님 앞에서 귀하고 아름다웠을 것이다.

영혼을 살리는 사랑은 희생이 필요하다. 눈물도, 흘리는 피도, 누군가의 소중한 꿈과 삶도, 우리를 구원하시기 위해 기꺼이 십자가를 지셨던 예수님이 그러하셨듯이, 우리를 위해 친히 가난하게 사시고 십자가에서 죽기까지 낮아지셨던, 그리고 많은 것을 포기하셨던 예수님이 그러하셨듯이, 이인응 선교사 부부의 사역이 그토록 아름다운 열매를 맺어가고 있던 것은, 아마도 그들이 주님께 드려진 삶이 하나님께서 귀하게 받으셨기 때문일 것이다.

그들은 먼 아프리카 땅에서 셀 수도 없는 어려움과 시련의 시간을 통과했었다. 하지만 이제는 사역의 열매도 맺히고 후원하는 교회들도 생기고, 모든 것이 괜찮을 줄 알았다.

그런데, 그들의 시련은 그것이 다가 아니었다. 이제까지 겪은 일보다

두제가 사고당한 장소

두제의 생전모습

비교할 수 없는 아픈 일이 이들 부부에게 일어나고 말았다. 그들에게 무엇보다 소중한, 이제까지 그들이 포기하고 기꺼이 희생한 그 무엇보다 가장 소중한 것을 잃게 되는 일이 닥친 것이다.

그러나 이 감당할 수 없고 이해도 될 수 없는 불행한 일도, 하나님께선 친히 그 손으로 붙드셔서 선으로 바꾸시고, 하나님의 큰 사랑이 나타나는 계기가 되게 하셨다. 이인웅 선교사가 오랫동안 놓았던 그림을 다시 그리게 된 이유도 여기에 있었다.

2004년 8월 14일 세네갈. 그곳에서 이인웅 선교사 부부의 큰 딸 '두제'가 차량 강도에게 납치당하려는 것을 모면하다가 사고를 당해 목숨

김형원, 김희진 선교사님 부부와 함께

을 잃는 사건이 일어났다. 당시 두제의 나이는 갓 스물이었다. 겨우 다섯 살이었을 때, 부모를 따라 기니비사우에서 15년 동안 살았던 두제.

각종 풍토병과 싸워가며 자라야 했고, 많이 못 먹어서 그곳 아프리카 아이들처럼 비쩍 말랐던 두제였다. 한국에서 있었다면 아무리 없어도, 좋은 것 먹이고 이런 저런 고생도 시키지 않고 키웠을, 눈에 넣어도 아프지 않을 그의 소중한 딸이었다.

그런데 그러한 딸을 그들 부부가 헌신하고 섬긴 아프리카, 바로 그곳 사람들로 인해서 잃어버린 것이다. 그 당시의 일에 대하여 세네갈 그랑 요프교회 김형원 선교사는 이와 같이 증언해 주었다.

"참 안타까운 것이 그게 아마 우리 한국이나 선진국에 있
었다면 두제가 소생할 수 있었습니다. 왜냐하면 토요일
새벽에 사고가 났고 그날 병원에 늦게 갔을 뿐만 아니라,
토요일은 여기 의료진들이 다 일을 하지 않습니다.

그러다 보니 일요일 밤에서야 수술했고, 저희가 가서 보
니 수술하고 나오는 모습이 붕대를 감은 상태로 그 모습
이 굉장히 부었더라고요. 다들 수술이 잘되었다고 말은
했지만, 지금 돌이켜 보더라도 '아, 참 어렵구나!' 하는
걸 그때 느꼈었어요.

그리고 일주일 동안 병원에 있었는데 두제가 이제 생명
이 끊어졌다 하는 소식을 담당 의사로부터 우리 노금석
선교사님의 사모님이 전달받았는데, 차마 이인응 선교사
님 내외분께 전할 수가 없었다고 했습니다.

그래서 제 기억으로는 저의 아내 김희진 선교사가 그걸
전했고, 그때 선교사님이 정말로 소위 경련현상을 일으
키면서 안타까워하는 모습이 지금도 눈에 선합니다."

현지에서 외국인이라는 이유로 화장조차 허락되지 않았던 두제의 시
신은, 현재 경남 진주에서 영면을 취하고 있다.

김형원 선교사는 그들의 아픔, 선교사들이 겪어야 했던 아픔에 대하
여 이러한 의문을 잠시 표현했었다. "정말 저희가 함께 무릎 꿇고 기도

드리고 그렇게 참으로 눈물로 기도하면서… 왜 이렇게 우리 선교사님한 테 시련을 주시는가.”라고 질문을 했었습니다.

이인응 선교사는 두제가 목숨을 잃었을 때를 기억하면서 다음과 같이 말해 주었다.

“귀한 딸을 잃어버렸을 때 참 저는 절망했습니다. 과연 주님께서 살아 계신다면 어떻게, 특히 내가 일반인도 아니고 일반 크리스천도 아니고, 난 그야말로 주님의 부르심에 순종해서 전적으로 주님께 드리고 아프리 카로 온 선교사인 나의 자식을 어떻게, 주님께서 쉽게 데려가실 수 있는 지 굉장한 충격에 빠졌습니다.

그동안 우리 딸아이 어렸을 적부터 15년 동안 주님께 드린다고 내가 열심히 일을 하고 열심히 현지 사역을 위해서 참 많은 노력을 기울여 왔 는데, 딸을 잃는 고통에 봉착하니, 내가 내 믿음의 한계를 경험했습니다.

내 믿음이 진짜 이것밖에 되지 않는가. 처절한 고통 속에 제가 몸부림 치면서 정말 주님, 왜입니까? 왜 나에게서 이렇게 귀한, 그것도 어린 다 섯 살 때부터 와서 참 어렵게 남처럼 좋은 혜택도 받지 못하고 아프리카 의 어려운 환경, 아프리카의 악조건에서 살았던 아이를 왜 주님께서 이 렇게 쉽게, 꽃도 피지 못한 아이를 데려 가십니까? 하는 굉장한 의문과 고통 속에 빠졌습니다.”

이인응 선교사가 침묵하는 동안, 사람들은 모두 아마도 그는 아프리 카를 떠날 것이다. 다시는 예전처럼 사랑과 열정으로 현지인들을 섬기 지 못할 것이다. 심지어 현지인들조차도 그가 떠날 것이라고 생각했다.

한동안 그는 딸을 잃은 슬픔의 나날을 보내야 했었다. 그동안 열정으로 하던 사역도 더 이상 감당할 수 없을 만큼 그의 마음은 무너져 있었다. 이제까지의 그 모든 일들이 다 부질없게 여겨졌다.

그러던 어느 날, 그는 모든 것을 포기한 채 딸의 유품을 정리하다 딸이 어릴 적에 쓰던 부러진 크레파스 조각들을 발견했다.

그는 딸에 대한 그리움으로 그 크레파스를 바라보는데, 딸이 한 말이 그의 마음을 가득 메우며 들려왔다.

"아빠는 화가면서 왜 그림을 안 그려?"

이인응 선교사는 그 크레파스를 붙들었고, 이걸로 뭔가 그려보고 싶다는 생각이 강하게 들었다. 그리고 그는 평생을 바쳐 사랑한 아프리카 사람들을, 가장 소중한 것을 앗아간 아프리카 사람들의 그림을 그리기 시작했다.

이인응 선교사는 그때 크레파스를 발견하고 딸의 말이 그의 마음에서 들렸던 그 일이 하나님의 섭리였다고 말한다. 그 일로 인해서, 그는 다시 그림을 그리게 되었고 그의 안에서 무너졌던 사명도 믿음도 회복될 수 있는 계기가 되었기 때문이다.

뿐만 아니라, 딸의 죽음으로 인해 그의 마음에 가득해진 미움과, 원망과 절망을 이겨낼 수 있는 힘이 그의 안에서 다시 회복될 수 있었다.

그는 기니비사우 사람들의 얼굴을 크레파스로 그리기 시작했다. 그들의 커다란 눈망울, 까만 피부, 고단한 삶이 묻어나는 그들의 표정, 그리고 억눌린 삶이 드러나는 그들의 땀방울을 그리면서, 그의 마음에 다시 그들을 향한 사랑이 회복되어 갔다. 그들을 향한 연민이 그의 안에서 다시 싹트는 것이다. 그들을 이해하는 마음이 새롭게 다시 채워졌다.

예수님을 십자가에 못 박았던 우리를 그럼에도 불쌍히 여기시고 용서하시고 사랑하실 수밖에 없었던 하나님 아버지의 마음이 이러하셨을까!

이인응 선교사는 이러한 말을 했다.

"그때 주님께서 저에게 '내 하나 밖에 없는 독생자 예수를 너 위해서 주었다.' 하는 메시지를 주셨습니다. 하나님께서 그 독생자를 아낌없이 주셨을 때, 그 고통의 무게가 제 딸아이를 잃음을 통해서 전해졌습니다. 주님의 마음을 제가 몸소 정말로 진하게 느낄 수 있었습니다.

이제까지 내가 기도하고 주님을 믿는다 했던 그런 상태를 넘어서서, 생각과 마음과 모든 것을 통해서 정말로 하나님의 아픔과 인간을 생각하는 마음을 다시 한 번 재발견하게 되었습니다."

이인응 선교사는 딸이 죽은 후, 1년 만에 그녀가 묻힌 곳 진주에서 크레파스로 그려진 그림 30점으로 첫 추모 전시회를 열었다. 그는 딸을 잃은 그의 시련과 고통을 통해, 오히려 많은 이들이 고난의 가치를 깨닫고 고난이 이렇게 승화될 수 있다는 것을 알게 되기를 원한다고 말했다.

나는 이인응 선교사가 자식을 잃은 슬픔을 당하고도 사역을 한 것을 보면서 어떤 생각이 드는지 권오중 집사와 이현우 성도에게 질문을 했었다. 권오중 집사는 그의 솔직한 마음을 털어놓았다. 이인응 선교사와 같은 상황에 직면했을 때, 경험할 수밖에 없는 인간적인 연약함과 감정에 대해 그는 솔직하게 얘기했다.

"굉장히 궁금했어요. 과연 나라면 '나' 라면 어떠할까. 그는 하나님이 너무 기뻐하시는 일을 하고 있는데 왜 그런 고통을 주셨을까? 그리고 그런 고통을 받고 나서도 어떻게 그 일을 할 수 있었을까? 라는 고민이 있었거든요.

만약 저였다면, 전 정말 죽고 싶을 거예요. 왜냐면 제 자식은 아무 상관없이 부모를 따라간 거잖아요. 저의 소명으로 생각해서 간 거였지, 딸의 소명은 아니잖아요. 그런데 그 아이가 커서 죽음을 당했다는 것을 경험할 경우에는 아, 저도 정말 죽고 싶지 않을까란 생각이 들었어요.

그리고 굉장히 많이 후회가 될 것 같고, 또 지금 계속하는 일에 대해서 너무 많은 회의를 느낄 것 같고… 솔직히 말씀드리면 아마 선교사 일을 그만두지 않았을까. 그런 생각이 들어요.”

이현우 성도는 비교적 담담하게 그의 생각을 말하였다. 우리와 함께 하며 선교사들의 삶에 대하여 보고 들었던 이현우 성도, 권오중 집사와는 달리 이제 갓 믿음의 첫걸음을 떼고 있는 그였던 터라 그의 시각은 믿지 않은 사람에 가까웠다.

그러나 그의 마음엔 겨자씨와 같은 믿음이 있었다. 그에게 일어나는 모든 일엔 이유가 있을 거라는 믿음, 그건 하나님의 섭리에 대해 인정하는 믿음이라 생각되었다.

“그 분의 삶에 대해서 뭐 제가 극히 빙산의 일각을 목격했지만 그것만으로도 너무 충격적인 스토리였습니다. 그리고 그러한 충격적이고 고통스러운 개인의 시간들을 어떻게 이 분이 인내할 수 있었을까 하는 생각이 들어요. 물론 어떤 종교적인 힘이 중심이 되었겠지만.

진짜 고통스럽고 힘들 때는 1초가 10년같이 느껴질 때가 있잖아요. 지금은 어느 정도는 이해는 돼요. 제가 완전히 이해한다고 하면 거짓말이겠지만. 물론 그 한 사람의 죽음 자체가 먼 훗날 시간이 흐르고 나면 추억거리야, 라고 얘기할 수 있는 건 아니죠.

하지만 종교적인 측면에서 본다면 그것이 꼭 어떤 불행한 것만은 아닐 수도 있겠다. 라는 결론을 조금 얻었어요. 저도 사실은 굉장히 개인적인 큰 아픔을 통해서 교회라는 공간을 접하게 되었듯이, 그 시간이 흐른 다음에 보면 그때는 저한테는 엄청나게 되돌릴 수 없는 큰 아픔이었지만, 그것으로 인해서 제가 교회에 나가게 되었습니다. 이와 같은 경우라 생각해요. 그 일이 아니었으면 절대로 저는 평생 교회를 안다녔을 거예요.

늘 저는 시사 프로그램 같은 거 보면서 "아, 교회는 괜찮은 사업이구나." 라는 사키즘 섞인 발언들을 서슴지 않았던 사람인데, 굉장히 시니컬하고… 어쨌든 그런 의미로 생각하면, 같은 맥락에서 그런 일들이 그 선교사님의 삶 자체가 견뎌낼 수 있는 힘이 되지 않았나 조금은 이해가 가요."

이현우 성도의 이러한 고백은 많은 생각을 하게 하였다. 그리고 우리는 두제의 죽음과 관련하여 인터뷰를 하면서 새로운 이야기를 듣게 되었다.

두제의 죽음 이후 서부 아프리카 선교사들의 자연적 커뮤니티를 형성된 것이었다. 두제가 병원에 있는 동안 현지의 선교사들이 걱정이 되어 모두가 아침에 찾아와 함께 기도를 하고 다시 사역 현장에 나가는 것을 일주일간 계속하였다. 그러다 보니 자연적으로 커뮤니티가 형성되었고 두제가 떠나고 나서 모두가 한결같이 이야기하기를 두제를 통해서 이렇게 모일 수 있는 계기가 주어졌으니 이 모임과 연합을 끌고 가는 것이 바람직하다는 의견을 내었다. 그래서 지금까지 그 모임이 이어지고 있다.

기니비사우에서의 일상, 그들의 사역

세네갈에서 선교사 부부와 함께 출발한 차는 감비아를 거쳐 다시 세네갈령 지겐쇼를 지나오기까지 꼬박 이틀이 걸렸다. 이곳 기니비사우까지 오는 동안, 나는 이인응 선교사와 많은 이야기를 나누었다.

대화를 통해 그에 대해 알 수 있었던 것은 그는 솔직한 성품을 지녔고 어느 누구보다도 사역에 대해 많은 열정을 가지고 있다는 것이다. 또한 이순환 선교사와의 호흡도 참으로 보기 좋았다. 돕는 베필, 하나님의 일은 오차가 없으시다. 무오하신 하나님을 두 사람을 통해서 느낄 수 있었다.

어느덧 도착한 기니비사우. 그곳에서도 동트는 하늘이, 한적한 가운데 고요한 아름다움을 이곳 기니비사우에 가득 드리우고 있었다. 동트는 광경을 바라보는 동안, 이곳 기니비사우엔 아무런 근심도 다툼도 없는 평화가 가득한 것만 같았다.

기니비사우 사람들, 그들은 각자 그들의 아침을 준비한다. 여인들은 우물가로 몰려 와서 물을 긷는다. 교회 근처에 현재 완공된 우물 안에 맑고 차가운 물이 일렁이는 가운데 두레박들이 떨어진다. 그리고 그 두레박으로 물이 쉴 새 없이 길러진다. 물동이를 머리에 이고 여인들은 유연한 발걸음으로 저마다 집으로 향하였다.

이인응 선교사와 교인들의 노력이 없었다면 교회 앞의 우물은 없었을 것이라 말한다. 우물이 멀리 떨어진 곳에서는 물 길러 나온 소녀들이 성

기니비사우의 황혼

폭행을 당하는 일들이 종종 일어나곤 한다고 한다. 그렇기에, 교회 가까이에 새로운 우물이 생긴 건 이들에게는 하나님의 은혜였다.

그리고 밭을 가는 여인, 채소밭을 돌보는 남자. 그와 같은 기니비사우의 아침 풍경이 우리의 시선을 붙잡아 두었다. 그들의 일상은 소박해 보였고 평화로웠다.

또한, 성경책을 들고 예배를 드리며 말씀을 듣는 청년들의 믿음이 지금도 자라가고 있었다. 이곳 아프리카 교회에서는 북은 빠질 수 없는 악기인 것 같다. 그들은 악기와 함께 찬양을 드리며 하나님이 주시는 예배의 즐거움을 누리고 있었다. 특히 교회 앞에서 평상시에도 학생들이 나무 그늘 아래에 와서 공부를 하는데 상당히 많은 숫자의 학생들이 그렇게 학습하고 있다.

아픔과 눈물로 얼룩졌던 이 땅에서 이인응 선교사는 두제의 죽음 이후 제 2의 사역을 시작했다. 인간적인 사랑이었다면 그의 사역은 아마도 두제의 죽음 이후 끝이 나버렸을 것이다. 그러나 하나님의 사랑은 그의 마음을 여전히 지배했고, 그 사랑이 지금도 그가 사명을 감당할 수 있게 하고 있었다.

이제는 뿌린 복음의 씨앗이 현지의 청년들을 통해 더욱 열매 맺어가고 있다. 긴 시간을 거쳐 지금에 이르기까지, 이인응 선교사를 채우고 있는 것은 더 큰 열정, 더 깊은 사랑이다.

이제까지 이인응 선교사를 통해 흘러나온 사랑은 기니비사우를 향한 하나님의 사랑이기 때문이다. 사람이 보여줄 수 있는 사랑에는 한계가 있지만, 하나님께서 채워주시는 사랑에는 이렇듯 그 끝이 없다. 그것이 지금 이인응 선교사 부부를 통해 보여지고 있는 것이다.

선교사의 진심을 느낀 현지인들 역시, 이렇게 조금씩 변화되어 가고 있었다.

이인응 선교사가 개척한 바이로 밀리따르 교회는 특별한 일이 없으면 스스로 결정하면서 자립해 가고 있다. 이인응 선교사는 한 발자국 뒤에서 이들을 지켜볼 뿐, 절대로 지시하거나 관여하지 않는다. 이유는 한 가지다. 스스로 일어설 수 있을 때 교회가 자립할 수 있기 때문이다. 아프리카 선교 중에서 특히 어려운 점이 있었다면 직접적 도움을 주는 것의 역기능이라고 많은 분들이 이야기하고 있다. 그것을 무엇보다 잘 알고 있는 이인웅, 이순환 선교사는 스스로 할 수 있는 만큼 하게 한 후 도움을 요청하면 그때는 힘이 되어 준다는 선교 철학을 가지고 있었다. 예를 들어서 밀리따르 교회를 건축할 때이다. 함께 동참하는 성도가 있기도 했지만 관망하는 교인들도 적지 않았다. 그때 그는 설교를 통하여 그들을 독려 했다. "당신의 부모님이 집을 짓는다면 그렇게 관망만 하고 있을 것입니까? 지금 우리가 하고 있는 일은 부모님보다 더 크신 하나님의 집을 건축하고 있는데 그렇게 관망만 하고 있으면 되겠습니까? 지금 짓는 교회는 누구의 것도 아닌 여러분들의 것입니다. 그러므로 함께

세례식 장면

동참해서 이 위대한 일을 해 주시기 바랍니다." 이 일이 있고난 후 교회
는 모든 교인들이 돌을 나르고 땅을 파면서 함께 일을 하였고 결국 교회
는 온전히 건축될 수 있었다. 이 모든 것을 그림을 그리듯 이인응 선교
사는 하나씩 기니비사우 선교의 매듭을 이어가고 있었다.

세례를 받기 위하여 대규모 이동이 있었다. 차로 이동하여 강가가 있
는 이곳까지는 밀리따르 교회에서 30분 남짓 소요된다. 그들은 모두 흰
옷을 입고 한 줄로 줄지어 강물을 향해 들어갔다. 그리고 또 다른 한 곳
에서는 흰옷을 입은 성도들이 동그랗게 서서 찬양을 불렀다.

매 사람마다 축도해주는 케바 목사에 의해, 강물에 한 명씩 들어간 성
도는 뒤로 뉘어져서 강물에 잠기고 다시 일어나는 형식이 반복되었다.
그렇게 한 명씩 세례를 받고 있을 때, 강가에 선 사람들은 그들을 축하
하며 응원하듯 찬양을 흥겹게 부르고 있었다.

강물에 들어가서 세례를 받았던 성도들은 얕은 강물에 서서, 또 역시
찬양을 불렀다. 그들의 세례식 모습은 고결한 의식 같아 보이기도 하지
만, 하나의 흥겨운 축제와도 같아 보였다.

우리나라와는 달리, 아프리카의 대부분의 교회들은 교단을 초월해서
침례 형식의 세례를 한다고 한다. 비록 그 형식은 조금씩 다를지라도,
이제 세상에 속한 사람이 아니라 하나님의 사람으로 거듭난다는 세례의
의미와 본질만은 우리와 똑같지 않을까 하는 생각을 해 보았다.

세례식에 참석한 모든 성도들은 이 날 하루를 위해 오랫동안 몸과 마
음을 정결히 하고 세례식을 준비해왔다. 이제 진정한 하나님의 자녀가
된 성도들의 얼굴에 감사와 평안이 번지고 있었다. 세례를 받는 성도들

이나 이 모습을 지켜보는 사람들 모두에게 특별한 예식이자 흥겨운 축제의 시간이 된, 이 날은 바이로 밀리따르 교회의 성도들에게 잊지 못할 기쁜 순간으로 남게 되었다.

기니비사우의 새벽, 캄캄한 어둠을 밝히는 촛불들이 켜져 있었다. 그리고 그 불빛 사이로 찬양을 드리는 사람들이 보였다. 그 가운데 교회 성도인 낀띠뇨가 보이는데, 그는 학교에서 새벽예배를 드리고 있다. 이 모두가 이인응 선교사의 가르침을 그대로 따르기 위한 것이었다.

아프리카 토속신앙과 무슬림이 장악한 땅, 기독교는 주민의 5%밖에 믿지 않는다고 하는데, 그 중에서도 가톨릭, 독립교회, 유사 기독교 등으로 나뉘어서 개신교 비율은 매우 적은 그런 척박한 땅이다. 그렇기에 더더욱 복음의 씨앗이 열매 맺기까지 어려운 이곳인 것이다. 이곳 기니비사우에서도 콩고와 마찬가지로 토속 신앙과 심지어 무슬림까지 혼합된 기독교 형태가 나타나고 있다고 했다. 뿐만 아니라, 기니비사우가 여느 다른 곳보다 더욱 어려운 것은 신학을 공부한 목사가 없어서, 목사가 없는 교회들도 많이 있다고 했다. 그래서 한 목사가 다른 몇몇 교회들까지 책임지고 관리하는 그런 상황도 있다고 한다.

하지만 이인응 선교사의 기도와 눈물과 희생의 씨앗이 뿌려진 이곳은, 이렇게 새벽을 깨우며 예배하는 사람들까지 생겼다. 이와 같은 열매가 맺어지기까지, 이인응 선교사 부부의 헌신이 얼마나 컸을지 짐작조차도 할 수 없는 일이다. 또한, 얼마나 많은 밤들을 눈물로 지새웠을지 헤아릴 수도 없는 일인 것이다.

우리는 낀띠뇨를 인터뷰했다. 그는 이인응 선교사에 대하여 말해주었다.

"이인웅 선교사님은 선교사로서의 삶으로도 우리에게 가르쳐주시지만, 그림을 통해서도 우리에게 힘이 되는 말씀을 가르쳐주십니다."

낀띠뇨, 그를 비롯한 많은 이들은 이미 이인웅 선교사의 삶을 눈으로 쫓고 있었고, 그의 삶을 통해서 예수님을 배우고 있었다. 이인웅 선교사 부부 역시, 기니비사우 사람들의 삶 깊숙이 들어가 그들과 함께 어려움과 때론 기쁨을 나누며 기꺼이 그들의 삶에 동참하는 삶을 살고 있다. 이인웅 선교사 부부는 때로 아버지처럼, 어머니처럼 교회 성도들을 품으며 그들과 함께 웃으며 또 함께 울어왔다. 아마도 그러한 그들의 사랑을 주께서 받으시고 이와 같은 은혜를 성도들의 가정에도 주는 것이라고 생각되었다.

교회 성도 아드리아노는 우리에게 이런 말을 했다.

"이 선교사님은 저를 아들처럼 여깁니다. 저에게도 이인웅 선교사님은 아버지와 같은 분입니다. 왜냐하면, 그 분은 자신의 삶을 통해 많은 것들을 우리에게 보여주시는 분이죠. 그의 삶을 통해서 저는 많은 것을 배웁니다. 또한 그 분을 보면, 내가 잘되길 원하는구나, 하는 마음이 들어요."

교회 성도들은 모두 하나 같이 이인웅 선교사는 삶을 통해서 가르쳐주고 보여준다고 증언해 주었다. 이인웅 선교사는 그가 품고 있는 교회를, 그가 섬기고 있는 양들을, 그의 삶으로서 예수님을 보여주고 있었다.

우리는 또한 이곳 교회의 목회자인 케바 목사를 찾아갔다. 그는 마침, 바닥에 깊숙이 엎드려 기도하고 있던 중이었다. 현재 나이 33세인 그는 이슬람 가정 출신으로 원래는 의과 대학을 가려고 하다가 20세 때 개종

이인응 선교사와 케바 목사

하고 목사가 되기로 결심했다고 한다. 그는 지금도 무슬림이 기도를 하는 모습으로 기도를 하지만 그는 어느 누구 못지않은 영적 지도자였다.

아프리카 복음주의 공동체가 기니비사우 전체를 덮게 되는 것이 개인적인 비전이며 소원이라고 말하는 케바 목사. 그는 기도를 마친 후, 성경책을 펴고 노트에 뭔가를 쓰면서 설교 준비에 열중하고 있다.

탁월한 청년 설교가인 그는 이인응 선교사에게 고맙고도 든든한 존재이다. 케바 목사와 같은 현지 사역자들을 키우고, 그들을 통해 교회가 세워지는 것이야말로 이인응 선교사의 가장 큰 바람이다.

우리는 케바 목사가 설교를 하고 있는 예배 시간을 잠시 영상에 담았다. 힘 있는 목소리가 가득 예배당을 메우고 있는 케바 목사의 설교를 어린 아이건 청년이건 모두 진지하게 듣고 있다. 이순환 선교사 역시 그의 설교를 듣고 있었다.

케바 목사 사가에는 '마르따'라는 자매가 살고 있는데, 그녀는 예배를 인도하거나 주일학교 교사를 하고 있다. 그녀는 케바 목사님 집에서 살면서, 집안일을 거들어주고 있다고 한다. 아프리카 특성상, 케바 목사의 집에 갈 곳이 없는 사람들이 머물러 지낸다고 한다. 케바 목사와 사모는 이들과 사랑으로 함께 살고 있다.

교회 공동체의 모습을 이루며 지내는 그들의 일상을 우리는 잠깐 엿보았다. 마르따가 열심히 밥을 짓고 있는 동안, 케바 목사와 이인응 선교사, 그리고 남자 청년들이 나무 그늘에서 쉰다. 그러다 한 대야에 나온 밥을 마르따가 가져오면, 서로 같이 나누어 먹는 것이다. 숟가락 여러 개들이 부딪히며 밥을 비비는 모습이 정겹다.

어릴 적부터 어린 아이들을 가르치는 것이 꿈이었다고 말하는 마르따. 그녀는 아이들을 위한 사역이라면 어디든 가겠다고 고백했다. 우리는 마르따에게 이 선교사에 대하여 물어보았다. 그러자 그녀는

"이 선교사님에 대한 기억은, 추억이 조금 있어요. 예전에, 아직 예배

당이 없는 가운데 해야 할 일들이 많았어요. 그런데 이 선교사님은 젊은 이들과 손수 많은 일들을 했어요. 손수레도 밀고… 항상 청년들과 함께 일을 하고 장난치고 우리에게 많은 동기를 부여 했죠."

어떤 동기를 부여해주었냐는 질문에 마르따는 "재미있게 일할 수 있도록 북돋아 주셨어요."라고 대답을 했다.

또한 우리는 교회학교 교사를 만나서도 이인응 선교사에 대하여 인터뷰를 했다. 올해 32세 라는 그는, 사역에는 특별히 어려움이 없다고 말한다. 그러면서 이인응 선교사의 헌신에 대하여 감동을 표현했다.

"굉장히 감동을 받았습니다. 선교사님의 일에 대해서, 그리고 그 분의 헌신에 대해서. 그 분이 그림을 다시 그리게 된 동기가 그리 기쁜 일은 아니지만, 왜 그 전에는 그림을 그리지 않았는지 우리가 잘 이해하지 못합니다. 하지만 제 생각으로는 마태복음 6장 33절 말씀에 의하면, '너희는 먼저 그의 나라와 그의 의를 구하라 그리하면 이 모든 것을 너희에게 더하시리라' 라는 말씀에 따른 것이라 생각합니다."

우리는 이인응 선교사가 현지 목회자들과 회의를 하고 있는 모습도 영상에 담았다. 여러 명의 젊은 현지 목사들이 모인 그곳에서 이인응 선교사는 현지 교회를 위한 말을 그들에게 해주고 있었다.

"가능하다면, 여러분 스스로가 교회를 짓는 것이 바람직합니다. 이번에 한국에 가서 상을 받았는데, 도전을 많이 받았습니다. 언더우드 선교사가 100년 전, 한국에 와서 학교를 시작했는데, 지금은 엄청난 규모의 학교로 발전했습니다. 이렇게 학교를 큰 대학으로 키우는 것은 결국 한국인의 노력에 의한 것이었습니다.

또 한 가지, 2010년도에 학교를 개교하기 원하는데 주님께서 은혜를 주신다면 2011년 9월에는 개교할 수 있어요. 학교에 필요한 물품은 한국에서 컨테이너로 보냈습니다. 남은 건축들도 순조롭게 이루어질 것으로 생각합니다."

그러자 현지 목사 중 한 명이 입을 열어 답한다.

"우리에게 기도가 필요한 것이 여러 가지 있는데, 우리는 교회의 부흥에 맞추어 제리케 교회 부지를 구입해야 합니다. 그래서 지금 한 사역자가 우리와 같이 하길 원합니다."

회의 후에, 이인응 선교사는 우리에게 이런 말을 했다.

"이제 자립적으로 교회가 자라가고 있고, 또 그런 안정된 모습과 활동적인 모습을 보면 선교사로서 그동안 오랜 세월을 아프리카에서 보낸 것들이 감사함으로 다가옵니다. 또 특별한 보람을 느끼곤 하지요."

〈이인응 선교사와의 인터뷰〉

• 〈잊혀진 가방〉에 출현했던 선교사들을 보면 고난이 있었음에도 불구하고 사역을 하는데 있어서 즐거워하는 것을 보았습니다. 그리고 그 열매가 분명한 것을 보았는데 선교사들이 자신의 사역을 가장 잘 하기 위해서는 어떻게 해야 한다고 개인적으로 생각하시는지요?

일단 선교사들은 자기 사역이 가능하게 하기 위해서는 일을 즐겨야 되겠지요. 일 자체가 혹 고통스러울지라도 즐기는 마음으로 하는 것이 주님께서 원하시는 선교가 아니겠습니까? 우리가 소명자로 선교지에 갈 때는 그것을 기쁘게 받아드리는 마음의 자세가 되어있습니다. 그래서 기쁘게, 즐거운 마음으로 우리가 사역을 해야 한다고 생각합니다. 때때로 우리가 우리관념에서 선교사역을 하거나, 급하게 하려고 하다 보면 여러 가지 오류가 생길 수 있습니다. 제가 독일에 처음 가서 언어 코스를 다닐 때 책의 첫 페이지에 'Langsam, aber sicher' 라는 말이 있었습니다. 그 말은 '천천히 그리고 확실하게' 라는 의미입니다. 어쩌면 그게 독일인들의 장인정신과 상당히 일맥상통한 부분이 있는데 제가 처음에 언어를 배우면서 느꼈던 그 단어 몇 마디가 제 선교사역에 굉장히 중요한 어떤 부분을 차지하고 있습니다. 우리가 급한 사역이 필요하기도 하지만 가급적이면 천천히 그리고 확실하게 사역을 하는 것이 더 안전하고 또 선교적인 어떤 방법론에서 더 좋은 것이 아닌가 그렇게 생각이 들 때가 많습니다.

• 〈잊혀진 가방〉에 출연하신 선교사님들 뿐만 아니라 많은 분들이 믿음선교(Faith Mission)를 하십니다. 믿음 선교를 좀 더 설명해 주시겠어요?

Faith Mission 이라는 것이 신앙선교, 믿음선교라고 볼 수 있는데 믿음선교라는 것이 특별히 내가 믿음이 강해서 하는 것이 아닙니다. 그냥 적어도 선교사로 현장에 와 있다고 한다면 이제 자기살림과 필요, 생활의 모든 계획들을 주님께 의뢰해야 하는 것이지요. 다시 말해서 내가 믿음이 좋아서 Faith Mission을 하는 것이 아니라 우리가 우리의 주인 되시고, 지표가 되시기도 하고, 스승이 되시는 주님을 믿고 그분을 의뢰하고 그분에게 무엇이든 의탁하는 것입니다. 전적으로 주님께 드리는 헌신의 삶이 선교사의 삶이 되어야 한다고 저는 믿습니다. 물론 우리가 사사로운 걱정이나 인간적인 마음을 가질 수도 있지만, 그분이 충분히 책임을 지어 주실 것이라는 그런 확고한 믿음이 마음속에 있어야 한다는 것이지요. 선교사역이라는 것은 마라톤과 같아서 길게 봐야 됩니다. 마라톤을 잘하는 사람은 서두르지 않습니다. 그처럼 천천히 한 발자국, 한 발자국 믿음으로 달려가면 장기적으로 사역을 할 수 있는 것이지요. 내 스스로 뭘 하려고 하면 지쳐서 하질 못해요. 주님이 인도하시는 대로 그대로 믿고 우리가 따를 때 해 나갈 수 있다고 믿고 있습니다.

• 선교적 삶의 터닝 포인트를 가져온 계기가 있으시다면?

제가 선교를 구체적으로 더 깊이 알 수 있었던 계기는 선교지에 오기 전에 받게 되는 특별한 훈련을 통해서라기보다는 선교현장에서 제가 부딪히면서 갖게 되었던 경험이 어쩌면 제게 멘토가 되었다고 볼 수 있습니다. 그 다음에 제 사역에 있어서 이걸 바로잡을 수 있는 중요한 분들을 몇 분 만난 적이 있습니다. 저희들이 선교 훈련받을 때 아프리카 나이지리아에서 사역을 하셨던 한 분의 교수님께서 강의를 하셨는데 그분이 성경적인 방법 속에서 아프리카의 토착 사역과 결부되어 있는 부분들을 잘 지적해 주셨어요. 또한 현지에 맞는 구체적인 방법들을 제시해 주시기도 했는데 제가 참 도전을 많이 받고 또 제가 가지고 있는 선교적인 어떤 관념이 과연 적합한 것인지, 그렇지 않다면 나 혼자만 가지고 있는 생각인지…, 거기에 대한 어떤 확신이 불분명 했을 때 그분의 강의가 저에게 많은 도움을 주었습니다.

그분이 '현지인을 돕되, 강한 자를 키워라' 이런 말씀을 하셨습니다. 우리가 이제 아프리카 현장에 오게 되면 아프리카가 가난한 사람이 태반이니까 가난한 자를 우리가 돕는 그런 일이 일반적으로 이뤄져야겠지요. 그러나 사람을 키우는데 있어서는 '강한 자를 키워라!' 이런 말씀을 하셨습니다. 그래서 저도 우리 현지 형제들을 키워나갈 때 계속 오랫동안 그들을 점검하고 그들의 리더쉽과 대인관계, 또 주님 앞의 어떤 신실함 등 여러 가지를 점검해서 정말 강하다고 인정된 그런 사역자들을 세우려고 굉장히 노력을 많이 하고 있습니다.

* 실제로 이인응 선교사의 사역을 촬영하면서 보게 되었는데 그는 현지인들에게 문제를 만나게 되면 곧장 선교사에게 도움을 요청을 하기보다 최선을 다해서 자체적으로 해결하도록 하고 그래도 되지 않을 경우 선교사를 찾도록 가르치고 있었다. 이러한 일들이 오래되다보니 현지의 교회는 대부분의 일들을 스스로 해 나가는 자립적인 모습을 볼 수 있었다.

• 조금 다른 이야기이지만 선교사님은 화가이신데 그림에 묻어있는 선교사님의 철학관이 있으시다면요?

그림을 그리다 보니까 제 그림을 선교와 결부시켜서 생각할 때가 참

많습니다. 저는 아프리카 사람들의 인물들을 주로 그리는데 그 얼굴들을 그릴 때는 먼저 전체적인 데생을 하게 됩니다. 외적인 어떤 선을 먼저 완성한 후에 세부적으로 그려나가거든요. 만약에 반대로 생각해서 전체적인 윤곽을 그리지 않고 눈을 먼저 그리거나 코를 먼저 그린다면 아마 종이의 어떤 테두리에서 벗어날 가능성도 있습니다. 선교도 제가 그림과 비교해서 생각해보면 전체적인 계획과 윤곽을 먼저 그려놓고 그 다음에 세부적으로 우리가 눈을 그리듯이, 이렇게 해나가는 것이 정확히 선교를 장기적으로 체계적으로 또 확실하게 해 나갈 수 있는 그런 방법이 아닌가 싶습니다. 성급한 분들을 보면 전체적인 윤곽은 그리지 않고 일단 자기가 좋아하는 눈을 먼저 그린다든지 아니면 귀를 먼저 시작하게 되는 경우가 있는데 그러면 나중에 그 그림이 흐뜨러지고 정확하게 그려질 수가 없습니다. 선교도 제가 볼때는 크게 다를 바 없다고 생각합니다. 선교사가 선교현장에 도착했을 때는 전체적인 정확한 윤곽을 잘 그리고 어떤 사역을 내가 해나가야 할 것인지, 어떻게 전개시켜야 할지 기본적으로 어떤 거시적인 안목을 가지고 계획을 세우고 그다음에 하나하나 생각을 해나가면서 그려나간다면 좋은 그림 또 정확한 그림, 아름다운 그림이 이루어질 수 있지 않을까? 그렇게 생각합니다.

• 선교사가 아니라 심리학자가 되라 이런 말씀을 하신 적이 있으신데 구체적으로 한 번 더 설명을 부탁드립니다.

저는 선교사 초임으로 오신 분들에게 "선교사이기 이전에 먼저 심리

학자가 되라." 그렇게 권면 할 때가 있습니다. 그 이유는 먼저 현지인들의 심성과 그곳의 어떤 독자적인 문화 속에서 굳어져 온 어떠한 그들의 생각들, 사고들 또 마음과 또 주변 환경들…, 이런 것을 충분히 숙지하지 못하면 현장사역에서 선교사와 현지인들이 따로따로 공유하지 못하고 섞이지 못하는 현상들이 올 수 있습니다. 그래서 선교사로 오게 되면 충분히 현지인들의 마음에 가지고 있는 어떤 생각들을 읽을 수 있는 준비와 노력들이 필요합니다. 예를 들어 제가 아프리카에 와서 몇 가지 어려웠던 부분들이 있습니다. 현지인들은 저를 선교사이기 전에 하나의 동양에서 온 백인으로 생각을 한단 말이죠. 그래서 가난한 현지인들이 저에게 물질적인 기대를 많이 가지고 있습니다. 저 선교사를 간나면 나의 어떤 필요를 채울 수 있지 않을까…, 때로는 내가 부탁하면 들어주지 않을까…, 또 직장문제 등 여러 가지가 있을 수 있는데 그런 것에 대한 것을 읽지 못하면 결국은 내가 아무리 열심히 그들에게 복음을 전해도 그들은 그것을 한 귀로 듣고 한 귀로 흘리는 경우가 생기거든요. 충분히 그들이 무엇을 생각하는지 알고 거기에 따라 접근해 들어가면 현지인들을 이해하기가 훨씬 쉽겠지요. 때때로 선교사님들이 자기 위주로 생각하고 사역만 하다보면 현지인들과 어떤 거리감이 생길 수가 있지요. 먼저 그들을 전도하려면 그들을 아는 것이 중요하기 때문에 깊이 알고 심리적으로 그들을 분석하고, 파악하고 그들의 입장에서 이해하는 것이 필요합니다.

저의 사역에서도 초기에는 물질적인 부탁이나 이런 것들 때문에 오는 형제들이 많았습니다. 그러나 이제는 오랜 사역을 하다보니까 마음과 신앙을 나눌 수 있는 형제들이 많이 늘어 났고, 만나면 신앙적인 비전을 함께 나누고, 기니비사우의 복음적인 상황에 대해서 서로 논의하고 앞으로 우리가 어떻게 교회를 성장시키고, 또 어떻게 주님 앞에서 꿋꿋하게 설 것인가, 이런 것에 대해서 대화를 합니다.

우리의 촬영이 마칠 즈음에 이인응 선교사는 앞으로 지을 학교(베델 아카데미)의 터에 불을 붙였다. 곳곳에 들풀들을 사르며 불꽃이 너울거리는 모습은 장관이었다. 엉겅퀴와 같은 잡초, 키가 큰 풀 등을 제거해야만 학교 터를 정돈할 수가 있기 때문에 불로 태우는 것이다. 타오르는 불꽃 가운데 서 있는 이인응 선교사의 학교 사역을 위한 열정도 그렇게 타오르고 있었다.

학교 터에서는 직접 벽돌을 나르는 아이들이 많이 있었다. 자신들이 다니게 될 학교를 만들기 위해 손수 무거운 벽돌도 아랑곳 않고 열심인 모습들을 보면서 누구의 것도 아닌 하나님 나라의 것, 자신들의 것을 스스로 만들어가는 장면들이 아름답기만 하였다.

기쁨의 축제, 그리고 기니비사우의 소망

아침부터 많은 아이들이 부산하고 분주하게 움직이고 있는 모습들이 보였다. 크리스마스를 준비하고 있는 것이었다. 그들은 모두 주님께서 이 땅에 오신 날을 기뻐하여 마치 선물을 드리듯 교회를 정돈하고 청소를 하고 있었다.

교회 외부에서는 흙바닥을 정돈하는 남자 아이들, 비질하는 소녀, 그리고 그 풍경을 촬영하고 있는 카메라를 바라보고 있는 소녀들, 장난치는 아이들. 교회 내부엔 걸레질을 하기 위해 걸레의 물을 짜는 소녀가 있고, 또 다른 소녀가 걸레질을 하고 있었다.

그렇게 교회를 깨끗하게 청소하는 것뿐만 아니라, 청년들은 크리스마스 트리를 장식하며 교회를 더욱 아름답게 꾸밈으로 성탄 분위기를 한껏 낸다.

주일학교 아이들은 크리스마스 노래 연습이 한창이다. 율동하며 노래하는 아이들도 있고 구경하는 아이들도 있다. 다들, 각자 맡은 일에 따라 크리스마스를 준비하는 모습이 분주하면서도 즐겁다. 그리고 이순환 선교사 역시 가만히 있지 않았다. 마르따, 그리고 형제들과 함께 장보기에 나섰다. 성도들에게 나눠줄 기쁨의 음식을 만들기 위해 장보기에 나선 것이다. 시장엔 사람들이 붐비는 가운데, 여러 채소들을 파는 상인들이 손님들을 기다리고 있었다. 이순환 선교사는 시장의 구석, 구석을 다니며 성도들과 함께 먹을 음식재료들을 고른다. 물건들을 세심하게 고르는 그녀의 모습에서 성도들을 향한 마음이 느껴졌다.

2009년 12월 크리스마스를 아프리카에서 촬영하면서 보내야 했던 우리 일행들이 받았던 가장 큰 위로는 현지 교회에서의 크리스마스 예배, 더 구체적으로는 아프리카 아이들의 성탄절 찬양이었다.

현지어 크레욜어로 부르는 하나님을 향한 찬양은 기존의 한국 기독교에서 가지는 찬송의 엄숙한 분위기 보다는 밝고 신나는 리듬이 살아있는 찬양이었다. 가만히 앉아 듣기가 어려울 정도로 흥겨운 북의 리듬은

둥, 둥, 둥… 우리의 가슴을 두드려대고 있었다.

리듬감각을 타고난 아이들은 아름다운 몸짓과 환한 웃음으로 함께 찬양하고 카메라 앞으로 신기해하며 뛰어들었다.

이 아이들의 찬양은 그냥 부르는 것 같으면서도 화음이 어우러져 조화를 이루고, 피아노 하나 없이 부르는 찬양도 그들의 청아한 목소리만으로도 충분히 화려했다. 이색적인 매력이 물씬 풍기는 그들의 찬양을 이번 영화의 배경 곡 중 하나로 집어넣었다.

며칠 뒤, 12월 31일. 바이로 밀리따르는 또다시 분주하게 들썩였다.

바이로 밀리따르 교회 주변의 모습

그건 송구영신 예배가 있기 때문이었다. 이곳 기니비사우에서도 성도들은 교회에 모여 한해를 보내는 송구영신 예배를 드리고 새해를 맞는다고 한다.

마침내, 날은 어두워지고 까만 밤하늘에 둥근 달이 빛을 비추자 예배는 시작되었다. 이들의 예배는 언제나 기쁨의 축제이다. 또다시 본격적인 축제가 되었다.

교회는 사람들로 가득 붐볐고, 떠들썩하다. 여자 아이들이 몸에 기름을 바르고 일 년 중 최고로 멋을 내어 치장을 하였다. 동네 아이들이 다 모였다. 교회는 동네 축제의 장이 되었다. 예배당 안에는 성도들이 자리에 앉아 있었고, 찬양이 시작되자 다들 일어나 박수를 치며 때론 몸을 흔들며 찬양을 하였다. 어둠 속에서 창문에 매달려 교회 잔치를 구경하는 동네 아이들도 있었다. 이윽고, 전통 의상으로 치장을 한 소녀들이 한 줄로 이어 나와 춤과 노래를 성도들에게 선보였다.

그 모든 춤과 노래가 어우러진 흥겨운 찬양 시간이 지나고, 케바 목사의 설교가 조용히 이어지고 있었다.

그런즉 누구든지 그리스도 안에 있으면 새로운 피조물이라 이전 것은 지나갔으니 보라 새 것이 되었도다 모든 것이 하나님께로서 났으며 그가 그리스도로 말미암아 우리를 자기와 화목하게 하시고 또 우리에게 화목하게 하는 직분을 주셨으니 곧 하나님께서 그리스도 안에 계시사 세상을 자기와 화목하게 하시며 그들의 죄를 그들에게

돌리지 아니하시고 화목하게 하는 말씀을 우리에게 부탁
하셨느니라   고린도후서 5:17~19

케바 목사의 설교 중, 일부를 옮겨 적는다.

"성도 여러분, 여러분의 옛 습관으로 돌아가면 안 됩니
다. 여러분의 삶을 잘 돌아보십시오. 새해에 우리에게 주
신 하나님의 말씀은 우리가 다른 사람들이 하나님과 회
목하게 하는 직책을 주셨습니다. 다른 사람들을 화목하
게 하는 성도 여러분이 되길 바랍니다."

설교 후, 찬양이 불러지는 가운데 성도들은 모두 어둠 속에서 초를 하
나씩 들고 있었다. 그리고 촛불의 불을 옆 사람에게 계속 옮겨줌으로 환
한 불꽃이 예배당 안에 가득 번져갔다.

찬양과 함께 번져가는 작은 불꽃. 그리고 어느덧 모든 사람의 초에 불
꽃이 환한 빛을 발하게 되었다. 어둠으로 가득했던 예배당 안은 이제 한
결 환해졌다. 촛불로 가득한 예배당 안은 아름다운 광경을 연출하면서
모든 이들의 마음을 포근하게 하였다.

찬양을 부르며 예배를 드리는 그들의 마음에도 이렇게 복음의 빛으로
환하여졌을 것이라 생각했다. 예배가 끝이 나자, 서로에게 불을 붙여주
며 어둠을 밝힐 빛을 건네주던 성도들은 서로를 향해 포옹을 하며 사랑
을 전하고 있었다. 함께 새해를 맞은 이들에게 축복을 한다고 했다.

밀리따르 교회는 새해 소원을 주님께 올려드렸다.

"모든 사람들이 하나님과 화목케 되길 원합니다. 기니비사으 사람들이 그리스도와 친구가 되기를 원합니다. 기니비사우인들이 예수님이 구세주임을 알게 하는 것이 나와 우리 교회의 첫 번째 목표입니다. 이것이 우리의 꿈입니다."

성도들도 새해에 대하여 하나님께 드리는 소원을 말했다. 그들의 소원과 소망에는 하나님을 향한 사랑과 가난하고 어려운 기니비사우를 향한 사랑이 가득 묻어났다. 가난하여도, 지식이 많지 않아도, 그들은 하나님을 사랑했고, 기니비사우 안에 있는 모든 이웃을 사랑하고 있었다.

"제 이름은 씰입니다. 새해에는 하나님께서 축복하고 우리나라를 부흥시켜주셨으면 합니다. 사람들이 많이 죽었어요. 하나님께서 기니비사우를 변화시켜주시길 바랍니다. 그건 예수님만이 할 수 있는 일이죠. 이 예배에 참석한 모든 사람들을 하나님께서 축복해주셨으면 좋겠어요."

새벽예배를 드리던 낀띠뇨가 말하였다.

"기니비사우가 구원받길 원해요. 내 꿈은 기니비사우가 예수님으로 말미암아 구원받길 원해요."

"내 꿈은 기니비사우가 주님의 복음 안에서 자라기를 원해요. 거의 모든 사람이 하나님 찾는 것을 보길 원합니다. 왜냐하면 이제 곧 예수님이 오실 테니까요. 그래서 저는 모든 사람들이 그 날을 위해 기도하길 원합니다."

그리고 마르따의 소망이다.

"제 새해 소망은 계속 하나님을 섬기길 원하고요. 하나님 뜻을 잘 따라서 절대 곁눈질 하지 않길 원합니다. 계속 아이들을 위해 일할 것이고 하나님을 위해 일하는 것이죠. 또 포기하지 않는 겁니다. 하나님을 위해 계속 일하는 것이 제 소망입니다.”

한 꼬마도 기쁨으로 자신의 소망을 말하였다.

“새해를 맞이하게 되어서 굉장히 기뻐요. 그리고 건강할 수 있어서 감사해요. 여기 없는 친구들에게도 축복해주실 거예요. 왜냐하면 하나님이시니까요. 제가 하나님의 길을 따라 갈 수 있게 해주셔서 감사하고요. 힘을 더 주시길 원합니다.”

‘밍기’ 라는 이름의 한 성도도 그의 소망을 다음과 같이 말했다.

“송구영신 예배를 드린 우리 모두가 올해는 번영하길 바라고 기니비사우에 하나님께서 위대한 일을 행하시길 바랍니다. 기니비사우의 모두가 하나님만 바라보길 원합니다. 이것이 하나님께서 주신 말씀입니다.”

케바 목사의 아내인 라이아나 사모도 그녀의 기쁨을 표현했다.

“새해를 맞이하는 우리 모두는 하나님께 감사합니다. 지금까지 제 삶에 행하신 하나님 은혜를 찬양합니다. 그것을 어떻게 갚을 수 있겠어요. 너무 기쁩니다. 오직 감사의 말밖에는 없습니다. 또 감사할 일은 어제 아팠던 남편이 회복되었습니다. 새해에는 모든 믿음의 가정이 승리하길 원해요. 그리고 기니비사우가 축복받길 원해요.”

그들의 소원은 하나님 나라와, 기니비사우의 구원에 있었다. 그것이 그들의 소망이 되고 꿈이 되고 있었다. 하나님께 대한 감사와 찬양이 넘치며 서로를 향하여서는 축복이 가득한 밀리따르 교회 성도들이 품은 사랑과 믿음은 그저 순수할 뿐이었다.

그들의 모든 것은 참으로 가난하고 초라할 뿐이지만, 그들의 마음은 그 누구보다 부요하고 아름다운 것은, 그들 마음 안에 '복음의 능력'이 있기 때문일 것이다.

이런 성도들의 모습이 있기까지에는, 물론 이인응 선교사 쿠부의 뿌린 복음의 씨앗이 있었음은 말할 것도 없다.

복음에 있어서 척박한 땅이기에, 기니비사우에서도 아주 작은 겨자씨와 같은 이들. 하지만 그들이 주님께 드리는 소망으로 인해, 기니비사우의 미래는 환하게 모여 빛을 밝히는 촛불들처럼 밝아지고 있었다.

교회 성도인 기니비사우 사람들을 역시 포용하며 미소를 짓는 이인응 선교사 부부. 인간적인 생각으로 본다면, 그들에게 아프리카는 두 번 다시 돌아보고 싶지 않은 아픔과 저주의 땅이었을지 모르나 그들은 이곳에서 더 깊은 사랑과 나눔으로 현지인들을 섬기고 있다.

"어떻게 그런 일이 가능한가요?"라고 사람들은 물을지 모른다.

그것은 주님께서 우리에게 보여주셨던 십자가의 사랑, 모든 것을 용서할 수 있는 그 사랑 때문이 아닐까.

잊혀진 가방을 열다

가방 안에 들어있던 것들

잃어버린 사명을 찾다

●

6장
잊혀진 가방을 열다

영국 불스트로드(Bulstrode)의 WEC 본부의 지하창고에서 팀 우드와 권오중 집사

가방 안에 들어있던 것들

나는 권오중 집사와 함께 2010년 2월 3일, 또 다시 영국을 방문했다. 처음에 사진 한 장을 들고 방문했던 지하창고가 있는 불스트로드(Bulstrode)에 우리는 다시 간 것이다.

지난번과는 달리, 가방이 보관되어 있는 지하창고에 들어갈 수 있게 되었다. 이번에는 지하창고에 보관되어 있는 가방의 주인인 필립의 요청이 있기도 했었고, 무엇보다 그의 아들인 팀 우드와도 함께 그곳을 방문했기 때문이었다.

여정의 처음, 실망을 하고 돌아섰던 이곳을 다시 방문하여 지하창고에 있는 선교사들의 가방까지 눈으로 확인할 수 있게 되니, 마음이 벅차올랐다. 이 자리에는 권오중 집사와는 함께 오게 되었는데 이현우 성도와도 함께 올 수 있었으면 얼마나 좋았을까 하는 생각이 떠나지 않았다. 하지만 그는 일정으로 인해 다시 올 수 없었다.

하나님의 인도하심과 예비하심을 확신하였음에도 우리의 발걸음이 가로막혔을 때 한동안은 답답하고 믿음 없는 생각들이 있었으나 하나님의 일하심과 응답하심은 우리가 생각지 못한 경로로 응답되었고 그 결과는 필립과 낸시를 통해 이루어졌다.

처음 이번 여정의 동기가 되었던 선교사들의 가방은 아이버 데이비스의 가방으로 이어지고 이제 필립과 낸시의 가방으로까지 연결되었다.

지하창고 안으로 들어서자 긴 세월 동안 묵은 먼지가 쌓인 채 보관되어 있는 오래된 가방들이 눈에 들어왔다. 그동안 그저 머릿속에서만 상상을 하며 그려보았던 이곳이었다. 그런데 직접 보게 되니, 말로 형용할 수 없는 감동이 마음속으로 밀려왔다. 좁은 지하 통로의 양 옆에 펼쳐져 있는 먼지 묻은 가방들은 왜, 무엇 때문에 라는 처음의 질문을 다시 한 번 하게 하였다.

처음 불스트로드(Bulstrode)에 왔을 때 보았다면, 이 가방을 보게 되기까지 우리의 여정은 짧고 쉬웠겠지만, 하나님께선 우리의 발걸음을 그렇게 인도하시지 않았다. 오히려 어려웠다면 어려운 우리의 여정이었다.

그러나 우리에겐 '가방'이라는 목적만이 중요한 것이 아니라, 우리의 여정 가운데 만나게 된 수많은 선교사들의 발자취들을 볼 수 있었던 것은 의미 깊은 일이었음을 알 수 있었기에 하나님께 감사할 수밖에 없었다.

선교사의 가방을 보고 여는 일은 지극히 개인적인 부분이라 허락이 필요한 일이므로, 선교 본부 측에서 허락하기 어려웠던 것은 당연한 일인 것이었다.

세탁실로 옮겨진 필립과 낸시 우드의 가방

보통 몇 십 년씩 되었을 선교사들의 가방들을 바라보다 보니, 문득 이런 생각이 들었다.

'여기에 있는 가방의 하나, 하나에는 이루 말할 수 없는 사연들이 담겨 있겠지. 내가 이제껏 확인할 수 있었던 선교사들의 사연처럼.'

필립, 낸시 우드가 훈련받은 후 떠날 때 남겨 놓은 가방. 38년 전의 일이었다. 지하 창고의 깊숙한 선반 위에 올려진 그들의 가방은 위 사진에서 확인할 수 있듯이, 오래되었고 먼지가 수북이 쌓여 있었다.

이곳 지하창고에서 촬영이 허락되지 않았다. 그러나 필립의 가방을 여는 모습을 촬영할 수 있는 장소를 선교본부 측에서 배려함으로 말미암아, 우리는 그 가방을 따로 마련된 공간으로 옮겨 촬영을 했다.

길고도 어렵던 여정 끝에 드디어 이루어진 일이다. 우리는 그 가방을 필립, 낸시 우드의 아들인 팀 우드와 함께 직접 열어보았다.

필립의 가방 속에 있었던 것은 의외로 평범한 것들이었지만, 그것은 모두 필립에게 소중한 그의 삶이 담긴 물건들이었다. 필립의 캠브리지 의대 졸업장과 우수 상장, 낸시와의 연애편지, 그리고 아프리카 전통 북과 목각 인형 등.

필립은 이 가방을 들고 선교 단체에 들어갔었다. 그 가방에 그와 같은 물건들을 담을 때, 필립은 그가 선교사가 되기로 했을 때의 다짐과 열정을 함께 담았을 것이다.

그리고 하나님의 부르심에 따라 그가 하나님께 맡겨 드렸을 소중함을 그 가방 안에 채웠을 것이다. 그 가방 안에 있는 물건들은 전부, 그가 선교지로 떠나면서 하나님께 온전히 드렸던 그의 삶이었다.

열린 가방 속의 내용물들

필립은 우리에게 이와 같은 말을 했다.

"사람들은 우리가 왜 '선교'를 하는지, 그렇게 부패가 극심한 나라에서 사역하는지 묻습니다. 군인들은 돈을 요구하고 경찰은 잘못이 없는 우리에게 죄를 씌우는 것을 봅니다. 하지만 그렇기에, 바로 이들에게 예수님이 필요합니다. 이들에게 복음의 능력이 필요한 것입니다.

주의 성령께서 이 땅의 젊은 기독교인들에게 새로운 힘을 주셔서 이 땅이 변화되도록 해야 하는 것입니다. 이 땅의 여러 부족들은 서로를 향한 사랑이 없습니다. 이들 중, 몇몇 부족들은 서로를 극렬히 증오합니다.

화목케 하시는 예수님의 사랑만이 이들을 회복시킬 수가 있습니다. 이것이 그들에게 간절히 필요한 것입니다. 그래서 저는 여기 콩고에 크리스천 선교사로 와 있는 것이 매우 행복합니다."

행복하다고 우리에게 말하고 있는 필립 우드. 어떻게 그와 같은 삶을 살면서 행복할 수 있냐고 묻는 사람이 있을지 모른다. 하지만 진정한 행복의 가치를 깨닫고 맛본 사람은 더 이상 부와 명예나 안락함, 그런 것에 기쁨을 느끼지 않는다.

이제는 오직 그리스도를 따르는 삶이 행복하다는 것을, 진정 우리의 영혼을 만족케 한다는 사실을 알게 되었기 때문이다.

잃어버린 사명을 찾다

필립의 가방을 촬영한 후, 우리는 불스트로드(Bulstrode)에서 북아일랜드로 이동했다. 헬렌 로즈비어 선교사의 집에 들르기 위해서이다. 헬

헬렌 로즈비어를 두 번째 만나러 갔을 때

렌의 집에 다시 이른 우리 일행을 헬렌은 여전히 반갑게 맞아주었다. 마치, 오랜만에 다시 친구의 집을 방문하는 기분이었다.

예전과 같이 우리는 응접실에 둘러 앉아 차를 마시며 그동안 있었던 여정에 대해 이야기를 헬렌에게 해주었다. 헬렌은 우리의 이야기를 차분하게 들어주었다. 그렇게 헬렌과 대화하던 중에, 권오중 집사는 헬렌의 동역자였던 존 망가디마가 전해달라고 하는 편지를 헬렌에게 전달하였고 그녀는 감격스러운 표정으로 망가디마의 편지를 읽고 있었다.

시간이 흐른 후 헬렌 로즈비어 선교사에게 꼭 질문하고 싶은 것을 하게 되었다. 사명을 잃어버리게 될 때에는 어떻게 하면 회복될 수 있는지 질문하였다.

그 질문은 이번 다큐멘터리를 제작하면서 많이 생각하게 되었던 내용이었다. 그러자 헬렌은 신앙에 있어 선배되는 입장에서 친절한 답변을 우리에게 해주었다.

"잃어버린 사명을 회복하는 방법에는 주님께로 돌아가는 방법밖에 없어요. 말씀과 기도입니다. 말씀과 기도로 주님께 나아가다 보면, 어느덧 당신의 사명은 회복되어 있을 겁니다."

나는 다시 질문했다.

"하지만 너무 힘들고 마음이 무너져 있을 때, 그때는 말씀을 묵상하고 기도를 할 힘조차 남아 있지 않을 수 있습니다. 그 때는 사명을 어떻게 회복할 수 있습니까?"

나의 질문에 그녀는 망설임 없이 답을 해주었다.

"그러할 땐, 주님께서 당신 안에 살아계시고, 그러하신 주님께서 당신을 사랑하신다는 것을 기억하세요. 만약 주 예수님께서 당신 안에 살아계시고 그 분이 당신 속에 살아계신다면 당신은 결코 잊을 수 없습니다. 주님이 우리 속에 계신다는 것을 말입니다.

당신이 직장에서 지치고 하는 일이 힘들어 탈진될 수 있지만 예수님을 향한 사랑은 결코 소진될 수 없습니다. 항상 기억하세요. 주께서 우리를 어디에 보내시더라도 우리가 예수님을 위해 살고 있다는 것을 잊지 마세요.

제 사명은 복음을 전하는 것이 아니었습니다. 또한 사람을 치료하는 일도 아니었습니다. 물론 다른 나라로 가서 사는 것도 아니었어요. 다만 주님과 함께 동행하며 그를 위해 살아가는 것이었습니다. 모든 것은 주님께서 하신 것이었습니다.

저는 기독교인이 되자마자 예수님을 위해 고난 받는 것이 '특권'이라는 말을 들었습니다. 그리고 '특권'이라는 단어가 인생에서 가장 중요한 단어가 되었습니다. 주님께서 스스로 우리에게 오셨다는 것이 정말 특권이지요.

예수님께서 기꺼이 우리 안에 함께 살고 계신다는 것이 특권이지 않나요? 예수님을 위해 섬길 수 있도록 허락받았다는 것은, 우리가 주님을 위해서 고난을 받는다는 것은 특권입니다.

주님께서 말씀하시길 "우리가 이 보배를 질그릇에 가졌으니 이는 능력이 심히 큰 것이 하나님께 있고 우리에게 있지 아니함을 알게 하려 함이라" 이 보배가 주 예수님이신 것입니다. 그리고 질그릇은 우리의 육신이지요. 저는 이 보물이신 주 예수님을 내 안에 모신 것입니다.

그리고 그분께서 저를 어디로든 보내신 것입니다. 내 모든 삶을 오직 예수님을 위해 하는 것은 내 유일한 열정이며 목적이고, 주님의 위대하심과 영광 속에 살아가는 것입니다."

그녀가 사역하던 콩고에서 내전이 일어나 큰 고통을 당했었을 때, 여자로서 감당할 수 없는 아픔을 겪고 5개월 동안 살 소망이 끊어졌을 때, 그래서 그녀가 헌신하던 콩고를 떠나 잠시 영국에서 머물러야만 했을 때, 그때가 아마도 그녀가 사명을 붙들 수가 없던 시기였을 것이다.

그러나 그녀 안에 살아계신 주님은 몸과 마음이 상처투성이가 되었을 그녀를 회복시켜주셨고, 다시 사명을 감당할 수 있게 하셨다. 그녀가 도중에 그대로 주저앉거나 포기하도록 버려두지 않으셨다.

그래서 그녀를 짓밟고 그녀의 삶을 송두리째 흔들고 찢는 그러한 고통을 주었던 콩고 사람들을 다시 사랑하고 섬기기 위해, 헬렌은 콩고의 땅을 다시 밟을 수 있었던 것이었다.

필립과 낸시 역시, 이와 같은 경우였다. 그들은 얀쿤데에서 죽음의 위협을 경험하고는 콩고를 떠나 영국으로 잠시 돌아가 있었다. 하지만 그들 부부는 사명을 결코 포기할 수 없었고, 다시 한 달 만에 돌아와야 했다.

섬기고 다만 사랑하였으나 돌아온 댓가는 고통과 상처뿐이었을 때, 그들이 품었던 사랑이 비록 아름다울지라도 더 이상 그 사랑을 지킬 힘이 그들에게 없었음이 당연하다. 희생의 사랑을 기꺼이 실천하였던 그들이라도, 때로 나약하고 아픔을 두려워하고 이기심의 유혹을 받는 한 인간이기 때문이다.

그러나 그들이 결국 쓰러졌던 그 자리에서 다시 일어나, 이전보다 더욱 사랑함을 나타낼 수 있었던 것은, 그들 안에 '사랑' 이신 주님이 계시기에 가능했던 것이다.

이인응 선교사 부부, 그들 역시 하나 뿐인 사랑하는 딸을 그들이 그토록 사랑하고 섬기던 자들의 손에 의해 무참히 잃고 말았다. 딸을 잃어야 했을 때, 어찌 그들을 이전 같이 사랑할 수 있겠는가.

하지만 이인응 선교사는 독생자 예수님을 내어주신 하나님의 사랑을 떠올렸다. 그리고 주님을 십자가에 못 박았던 우리를, 때로 주님의 희생의 사랑을 깨닫지도 못하던 우리를 끝까지 사랑하시고 용서하셨던 예수님을 기억했기에, 기니비사우 사람들을 용서하고 끝까지 사랑할 수 있었다.

그들은 모두 십자가의 주님이 어디로 가시든지, 기꺼이 주님을 따라가는 사람들이었다.

그리고 마지막으로 오직 한 사랑에 충성했던 아이사 아더, 어떤 이유에서인지 모르겠으나 그녀와의 만남은 몹시 특별했었다. 그녀를 가까이 다가가 섰을 때, 조그만 체구의 그녀 앞에서 선 내가 오히려 작게 여겨졌다.

오직 한 사랑과 한 나라를 무려 54년을 한결같이 섬겼던 그녀의 사랑이기에, 그녀가 그토록 큰 사람처럼 여겨졌었나 보다 라고 다만 이제 와서 생각된다.

지금 와서 조용히 생각해보는 것은, 진실로 사람을 크게 하고 그릇이 넓은 사람이 되게 하는 것은 그 사람의 외모가 아니요, 나이가 아니요, 그 사람의 물질도 아니요, 지식이나 지위도 아닌 것이다.

진실로 사람을 크게 하는 것은, 그 사람 안에 그리고 그 삶 안에 담긴 사랑의 크기인 것 같다. 예수님으로 채운 그 사랑이, 사람을 크게 하고 넓게 하는 것이다.

다른 누구보다도 짧은 시간을 만나고 대화했던 아이사 아더와의 만남은 나에게 그토록 강렬한 것이었다.

그렇게 영국에서 돌아온 뒤, 우리는 한 달 만에 3월 10일, 오스트리아 애들레이드로 출발했다. 그곳에 아이버 데이비스의 아들인 에반 데이비스가 있기 때문이다. 이번 여행이 〈잊혀진 가방〉 영화에 있어 우리 일행들에게 마지막 여행이 되었다.

다시 에반 데이비스를 만나 나는 헬렌에게 했던 것과 같은 내용의 질문을 에반에게 물었다. 그러자 역시 신실한 믿음의 선배 된 그는 답해주었다.

"소명이 점점 희미해지고, 절망감에 빠져 소명을 그만 내려놓고 싶어질 때 저는 이렇게 얘기하고 싶습니다. 모든 것을 잠시 멈추고 처음으로 돌아가세요. 왜 하나님께서 당신을 부르셨는지를 기억하세요.

주님은 우리와 여정을 함께 하시며 우리 옆에 함께 하시며, 우리에게 힘을 주시고 우리에게 지식을 주시며, 우리에게 인내를 주시어 맡기신 일들을 마칠 수 있게 도와주십니다."

나는 약하지만 하나님은 강하시다. 나는 사랑이 부족하지만 하나님은 '사랑' 그 자체이시다. 그러므로 내가 얼마나 약하든 얼마나 부족하든지 그런 건 아무래도 괜찮다. 헬렌과 에반의 말대로, 만약 내가 하나님을 의지하고 그 분이 내 안에 살아계심을 믿는다면, 능력 주시는 자 안에서 모든 것을 할 수 있기 때문이다.

나는 묻고 싶다. 혹시, 당신은 사명을 잃어버렸는가? 혹시 당신에게 잊혀진 가방이 있는가? 당신이 품은 꿈과 삶의 목적을 이룰 수 없는 불가능함에 절망하고 있지는 않은가? 내가 보았던 가방을 도저히 찾을 수도, 그것을 직접 열 수도 없는 한계에 부딪혔는가?

하지만 걱정하지 말기를 바란다. 당신은 할 수는 없지만, 능히 사랑할 수도 없고 능력도 없지만, 당신 안에 살아계신 하나님은 당신의 능력이 되시고 힘이 되신다. 주님께서 당신과 언제나 함께 하심을 기억할 때,

당신은 한계를 얼마든지 뛰어넘을 수 있다는 것을 알게 될 것이다.

가로막힌 환경 따윈 문제되지 않는다. 내가 하나님을 의지하고 신뢰할 때, 하나님께선 어떤 경로를 통해서든 내가 생각지 못한 놀라운 방법으로 당신의 사명을, 그리고 꿈을 이루신다. 분명, 당신은 자신이 사명을 끝까지 감당할 수 있다는 것을 보게 될 것이다.

그리고 잃어버렸던 당신의 꿈과 삶의 의미가 어느 순간 생각지 못한 선물처럼 다시 되돌아와 있을 것이다. 지금, 방금 내가 경험한 일처럼 말이다. 왜냐면, 바로 살아계신 주님께서 당신의 꿈이며 소망이시며, 삶의 의미가 되시기 때문이다.

뒤늦은 이야기이지만, 아프리카에 머물던 중에 내가 인터뷰한 사람들이 있다. 그들은 선교의 중심에 선 사람들은 아니었으나, 그들 가까이에서 그들을 지켜보았거나 함께 한 이들이었다.

경비행기 조종사였던 '조이 마틴'의 이야기이다. 우리 일행을 정글인 네보봉고에서 우간다까지 경비행기로 데려다준 조이 마틴은 MAF(항공선교회) 소속의 젊은 청년이었다.

그와의 대화중에, 나는 그로부터 특별한 이야기를 들었다. 그것은 콩고에서 사역을 하는 어느 목사에 대한 이야기였는데, 그 이야기는 놀라웠고 내 마음에 감동을 주었다. 나는 그의 말을 옮겨 적는다.

"저는 항공 선교회에 참여하고 있습니다. 현지에 파견되어 있는 선교사들의 이동과 만남을 돕기 위해, 비행기 운행 및 모든 컴퓨터 기술과 인터넷을 활용하여 섬기고 있어요. 어렸을 때 하나님께서 저를 비행기에 대한 관심으로 인도하셔서 비행을 배우게 되었지요.

그리고 이제 제 삶을 주님께 드릴 수 있도록 제 마음을 움직이셨습니다. 몇 주 전에 콩고에서 사역하시는 목사님의 사모님께서 아프셨어요. 치료를 위해 정글에서 그 분들을 비행기로 모시고 나와 병원으로 보내 드렸습니다.

그런데 2주 후, 사모님께서 돌아가셨고, 장례를 위해 우리는 그 시신을 다시 정글로 보내드려야 했어요. 정말 특별한 비행이 시작되었지요. 사모님의 관을 비행기에 실었을 때 목사님께서 "여기 내 아내가 있소." 라고 말씀하셨습니다. 아내를 잃은 그분께 전 무슨 말씀을 드려야 할지 알 수가 없었죠. 그때 목사님께서 저를 바라보시며 다시 말씀하셨습니다.

"하나님께서도 아파하고 계시네."

저는 그 분이 아내를 잃은 것으로 슬퍼하는 것을 바라보았습니다. 하지만 동시에, 그가 하나님에 대해 알고 있는 진실을 붙들었고, 주님께서도 견딜 수 없을 만큼 슬퍼하고 계시다는 것을 알고, 그 슬픔을 이겨나가는 것을 보았습니다. 그 사건은 제게 커다란 용기를 주었어요.

그것은, 사람들이 삶에 있어서 정말 고통스러운 일들을 이겨내야 할 때 고통을 겪는 도중에도 끝까지 주님을 의지할 수 있다는 점이었어요."

에필로그

우간다 엔테베 공항에서 보았던 무지개

세상에 존재하는 모든 것은 존재 목적이 있다. 사람도 존재 목적이 있다. 우리가 알고 있는 웨스트민스터 신앙고백 1조는 사람의 존재 목적이 "하나님을 영화롭게 하고 그를 영원토록 즐거워하는 것"이라고 한다. 그런데 이 부분은 지극히 크리스천을 목적으로 하는 말이다. 하지만 하나님을 알지 못하고 예수님을 알지 못하는 사람도 존재 목적은 있다.

다큐멘터리의 제목으로 사용된 타이틀 〈잊혀진 가방〉은 선교사들이 두고 간 가방에 초점을 맞추었다. 그 가방 속에는 자신의 사명이 무엇인지 알고 있는 사람들이 남겨 둔 짐이 들어있다. 그리고 짐 속예는 스스로 누릴 수 있는 기득권의 흔적이 들어 있기도 하고 선교사가 되기 위해서 필요했던 물건들이 남아 있기도 하다. 그래서 **잊혀진 가방**은 **사명**이라고 할 수 있다. 남겨진 사명, 드러나지 않은 사명을 위한 흔적, 그러므로 "잊혀진 가방"은 누구에게나 있는 것이다. 그러나 적지 않은 사람들이 "잊혀진 가방"을 잘 찾지 못한다. 왜냐하면 생각을 못하기 때문이다. 기독교인과 비기독교인 모두가 동일하다. 물론 세부적으로 들어가면 여러 가지가 있을 수 있겠지만 기독교인에게 있어서 **잊혀진 가방**은 **전도와 선교**이다. 사도행전 1장 8절 말씀을 잊어버리고 살아가는 기독교인이 얼마나 많은지 모른다. 특히 한국이 그렇다.

목사와 선교사들의 경우는 "잊혀진 가방"은 목사와 선교사가 되기 전 주님께서 주신 소명이다. 왜 목사가 되었고 왜 선교사가 되었는가를 다시 한 번 생각해야 한다. 왜 교회에서 설교를 하고 왜 선교지에서 선교를 하는가에 대한 가장 근본적인 질문의 회복이 "잊혀진 가방"을 찾는 방법이라고 할 수 있다.

그리고 목사와 선교사, 성도들 모두에게 공통적인 **잊혀진 가방**은 **빛과 소금**의 삶이다. 기독교인들이 세상 사람들과 특별히 구별되지 못하는 삶을 살고 있다. 한 가지만 예를 들어보면 부를 추구하고 그 부를 이루기 위하여 가장 기본적인 것을 놓치고 있다. 가난은 부끄러운 것이 아니라 불편한 것이라는 기본 사실을 잊어버리기 때문에 "잊혀진 가방"을 찾지 못하는 것이다.

그렇다면 어떻게 해야 하는가?

이번 다큐멘터리에 나오는 선교사는 헬렌 로즈비어(Helen Roseveare), 아이사 아더(Isa Arthur), 에반 데이비스(Evan Davies), 필립과 낸시우드(Philip & Nancy Wood), 이인응, 이순환 선교사 이다. 이들은 모두 "잊혀진 가방"을 찾은 분들이다. 정확히 알고 있는 분들이다. 왜냐하면 헬렌에게 "잊혀진 가방" 곧 "사명"이 없었다면 콩고에서 그녀의 흔적은 볼 수 없을 것이기 때문이다. 나에게 말하지 않았지만 콩고인들이 마마루카를 잊지 못하는 것을 보면서 예수님을 사랑하는 것을 보면서, 브로컬리 같은 정글 한가운데 활주로를 보면서, 그 활주로 옆 넓은 마당에서 공을 차는 콩고의 청년들을 보면서, 헬렌이 무엇을 이야기했는지 느낄 수 있었다.

다큐멘터리를 제작하면서 알게 된 것이 있다. 유럽과 다른 나라들이 점진적으로 쇠퇴의 길을 걷고 있지만 여전히 그 나라에도 의인은 남아 있다는 사실이다. 소돔과 고모라가 멸망하기에 앞서 필요했던 것은 하나님께서 원하셨던 의인 10명이었다. 그러나 그 10명이 없었기 때문에 심판의 역사는 일어났다. 영국을 비롯한 많은 나라들이 선교적 열정이

식어가고 어려운 현실이라고 말하고 있지만 아직도 그들은 자신들의 선교적 열정으로 헌신을 했었던 초기 선교사들의 삶을 통하여 우리에게 말하고 있다. 우리를 잊지 말라는 것이다.

한국의 기독교는 지속적인 성장을 해 왔다. 또한 지금도 성장을 위하여 최선을 다하고 있다. 그러나 이러한 성장지향형의 모습이 세상적이라는 비판을 받고 있음을 간과해서는 안 될 것이다. 한국 정도의 교세가 있다면 얼마나 많은 일을 해야 한다는 것을 알 필요가 있다. 하지만 안타깝게도 한국의 선교는 왜곡되어 있다는 말을 자주 듣는다. 물론 이 말을 그대로 받아들여서는 안 될 것이다. 하지만 우리를 깨우치기 위한 메시지임을 알아야 한다. 교회와 성도의 구별이 없이 선교는 좋아서 하는 것이 아니라 사명감을 가지고 해야 한다. 좋아서 한다는 것. 말은 쉽지만 좋은 것과 사명은 다르다. 좋아서 한다면 싫어질 수 있기 때문이다. 그러나 사명감으로 한다면 끝까지 할 수 있다. 사명은 우리에게 기쁨을 준다. 그 진정한 기쁨이 무엇인가를 발견할 때 선교는 지속적으로 그 지역에 영향을 주게 되는 것이다. 콩고에서 만난 필립과 낸시 우드, 그리고 북아일랜드에서 만난 헬렌 로즈비어, 호주 애들레이드에서 만난 에반 데이비스와 제니 데이비스, 기니비사우의 아이사 아더와 오인응, 이순환 선교사 모두는 선교를 사명으로 받아들이고 삶으로 받아들인 사람들이었다. 우리는 선교에서 한국적인 정서를 버릴 필요가 있다는 것도 경험했다. 한국적인 정서로 순교는 매우 감동을 준다. 그러나 으리가 만났던 선교사들의 순교관은 달랐다. 순간의 아픔은 이해되지만 감동보다는 장차 받을 영광을 그들은 먼저 생각하는 사람들이었다. 헬렌 로즈비어가 특히 이 부분에서 강조해 주었다. 그녀는 빌 맥체스니를 비롯해서 많은 친구들이 콩고에서 먼저 천국으로 떠나는 모습들을 보았다. 그래서 오히려 남아 있는 자신이 더 고생(?)해야 한다며 웃음을 지었다. 잠시 머무르는 세상임을 스스로 보여 주고 있었다.

"잊혀진 가방"을 찾는 것, "잊혀진 가방"을 기억하는 것은 사명을 회복한다는 뜻이다.

다시 한 번 강조하지만 사명을 회복해야 하는 이유는 바로 주님께서 원하시는 일을 하기 위함이다. 그렇다면 아래의 말씀을 한 번 읽고 묵상해 보자. 우리가 왜 그렇게 살아야 하는지 알게 될 것이다.

> 내가 그리스도와 함께 십자가에 못 박혔나니 그런즉 이제는 내가 사는 것이 아니요 오직 내 안에 그리스도께서 사시는 것이라 이제 내가 육체 가운데 사는 것은 나를 사랑하사 나를 위하여 자기 자신을 버리신 하나님의 아들을 믿는 믿음 안에서 사는 것이라　　　갈라디아서 2:20

- 질　문 : 본인소개를 부탁드립니다.
- 이현우 : 노래하는 것을 직업이라고 하면은 좀… 직업으로 생각해 본
　　　　 적이 없어서… 방송 일을 하고 있긴 하지만 이게 뭐 계약직
　　　　 도 아니고 일용직이라고 하기도 그렇고 아주 묘한 그런 일을
　　　　 하고 있는 이현우라는 사람입니다. 저는 최근에 결혼을 해서
　　　　 7개월 된 아들이 있고요, 사랑하는 아내도 있고 그리고 모태
　　　　 신앙은 아니지만 어렸을 때부터 교회를 다녔지만 믿음이 없
　　　　 었다고 할 수 있어요. 심지어 한때는 거부했었고 아주 많이

욕을 하고 다닌 적도 있어요. 결혼하게 되면서 아내 덕분에 큰 은혜를 입어서 믿음을 어느 정도 갖게 되었고 궁금한 점도 많이 생기고 딱 그런 상황인 사람입니다.

• 질　문 : 본격적인 신앙생활을 하게 된 특별한 계기가 사모님으로부터 인가요?

• 이현우 : 교회라는 공간에 대해서 어떤 곳인지는 늘 다녔기 때문에 알고 있었습니다. 결혼 전후로 해서 저한테 개인적으로 굉장히 좀 힘든 일이 있었어요. 혼자 견뎌낼 수 없을 만큼 굉장히 큰 사건들과 사건사고들이 있었는데 그때 아내의 권유로 같이 교회를 다니게 되었고 그때 마음에 큰 위안을 받았으며 제가 항상 어떤 피해자이고 왜 나한테만 이런 일이 일어날까 하는 원망 섞인 목소리와 불만만 가득 차있었는데 다시 교회를 다니면서 '아, 다 나한테서 일어나는 모든 일들은 이유가 있구나!' 라는 생각을 조금 하게 되었어요. 그리고 나한테는 되돌릴 수 없을 만큼 큰 아픔인 상처처럼 보이지만 좀 세월이 흐르고 좀 멀리서 먼 곳에서 이 사건을 바라본다면 오히려 좋은 일의 시작일 수도 있다는 생각이 들게 되었어요. 그래서 긍정적인 생각을 갖게 되어 마음도 편해지고 '아, 믿음을 갖게 되면 또 이런 장점이 있구나' 라는 그런 것을 알게 되었죠.

• 질　문 : 처음 영화에 대해 들으셨을 때 마음은 어떠했나요?

- 이현우 : 나름대로 제가 객관적으로 생각했을 때 어떤 저 혼자만의 그런 기적들이 한두 개 씩 주위에서 일어나니까 남들이 보기에는 아무것도 아닐 수 있지만 오중이가 그런 제의를 했을 때 '아, 이것도 일종의 또 하나의 기적이구나' 생각되었고 또 내가 이런 프로젝트에 참여해서 경험을 하게 되면 훨씬 다른 사람들 보다 빨리 속성으로 믿음에 가까이 갈 수 있고 그러면 다른 사람들이 거쳐야 되는 그런 많은 단계를 뛰어 넘게 되니까 '나한테는 약간 특혜가 주어지게 되는 게 아닐까' 그런 생각을 했죠.

- 질　문 : 영국여행에서 하셨던 인터뷰를 통해서 하신 말씀을 위주로 여쭤보는데, 본인이 이 영화에 참여하게 되었을 때 화자로 참여하게 되는 것에 대해 부담도 부담이겠지만 본격적으로 한다고 하셨을 때는 어떤 마음이셨나요?

- 이현우 : 일단 제가 엄청나게 깊은 믿음을 가지고 있지 않았기 때문에 이런 선교를 주제로 한 영화에 출연한다고 하는 것은 온 세상에 '나는 기독교인 중의 한 명이다.' 라고 하는 거잖아요. 그러니까 믿음이 얕은 입장에서는 사실 굉장히 부담이 될 수도 있는 것이지요. 그 작은 믿음 자체도 없어질 수 있고 이 프로젝트가 끝나고 난 다음에 더 이상은 어떻게 보면 인생에 있어서 큰 결심이 될 수도 있는데 저는 아무래도 느출된 삶을 살다보니까 어떤 한 카테고리에 정해진다거나 어떤 부류

로 나뉜다는 것은 사실 굉장히 위험할 수도 있거든요. 그러
니까 많은 사람들에게 노출된 삶을 살아왔기 때문에 중립적
인 입장에 서는 게 가장 안전지대고 safety zone이라고 할
수 있는데 거기서 좀 벗어나는 일일 수 있기 때문에… 그런
데 처음에 오중이가 제의를 했을 때는 이상하게 그런 확신이
있었어요. 아, 내가 이거 꼭 참여를 해야 되겠구나! 그래서
분명히 내가 뭔가 얻어올 것이 있을 것이라는 확신이 이상하
게 들었어요.

• 질　문 : 이 모티브 가방에 대해서는 들으셨잖아요, 선교사의 가방에
　　　　　 대해서는 어떤 느낌이셨나요?
• 이현우 : 사실 가방에 대해서 뭐 별로 궁금한 점이 없었죠. 선교라는
　　　　　 단어 자체가 저한테는 아주 낯설고 행위 자체도 어떻게 보면
　　　　　 굉장히 과격하다는 생각이 들 정도고 이해가 안되는 부분이
　　　　　 있는데 그분들이 남겨놓은 그 어떤 가방자체가 저한테 큰 호
　　　　　 기심을 불러일으키는 프로젝트는 아니었어요. 근데 단지 선
　　　　　 교한 분들의 발자취를 찾아가는 그 여정 속에서 뭔가 얻어질
　　　　　 것이 있을 것이라고 추측을 했을 뿐이지 그런 가방에 대해서
　　　　　 는 궁금증이 크게 있지는 않았어요.

• 질　문 : 여행 장면들을 보면 여기 왜 왔는지 모르겠다는 말씀이 많으
　　　　　 신데 지금은 어떠세요. 궁금증이 해결되셨나요?

• 이현우 : 완벽하게 해결된 것은 아닙니다. 나름대로 저 자신이 좀 정리를 했어요. 제가 좀 욕심을 부렸던 것 같아요. 이런 여정을 따라 다니다보면 제가 엄청나게 목사님만큼 그 어떤 신앙을 가지게 될 것이라는 기대가 있었어요. 그런데 그게 아니더군요. 그게 잠깐 어디를 다녀온다거나 자극적인 어떤 걸 봤다 해서 얻어지는 게 아니고 긴 어떤 수행과 그런 시간들을 통해서 긴 믿음의 시간이 필요하다는 걸 알게 되었죠. 정말 아무것도 모르던 상태에서 섣불리 넘겨짚었던 것들이 어리석었다는 것을 깨닫게 되었습니다.

• 질　문 : 이 여행에 대한 기대를 좀 더 설명을 해 주세요. 나는 무엇을 얻어오겠다 하는 구체적인 것이 있었나요?

• 이현우 : 저는 미술을 전공을 했는데 늘 책에서만 보던 그림들을 현지에 가서 그 작품을 직접 보게 된다면 목격하는 순간만큼은 굉장히 많은 것들을 얻은 것 같은 느낌을 받을 수 있을 것이고 책에서 본 느낌하고는 완전히 다를 거 아니겠어요. 교회 다니면서 믿음이 조금 생기기 시작하면서 가지고 있던 마음의 궁금증들이나 제가 풀지 못했던 어떤 그 문제들, 이런 것들이 한꺼번에 좀 해소가 돼서 깊은 믿음이 생기지 않을까 하는 기대가 있었죠. 그리고 특히, 선교의 제일 앞에 서서 이끌었던 살아있는 전설이라고 할 수 있는 그런 분들을 만나게 된다면 잠깐 같이 있는 것만으로도 굉장히 다른 사람들보다는 많은

것을 얻어오지 않을까 하는 그런 생각을 하게 된 거죠.

• 질　문 : 공항에 오시면서 한 번 사고를 겪으셨는데 그때는 어떠하셨
　　　　　나요?

• 이현우 : 전체적으로 굉장히 좀 음침했던 거 같아요. 영국 날씨자체가
　　　　　워낙 해도 빨리 지고 금방 어두워지고 좀 으슬으슬 춥고 비
　　　　　도 많이 오고 그리고 저희 숙소에서 일어났던 많은 이해할
　　　　　수 없는 안 좋은 일을 겪으면서 그때도 제가 얘기 했듯이 아!
　　　　　어떤 세력이 활발히 활동하고 있구나 하는 걸 그때 좀 느꼈
　　　　　던 것 같아요. 그런 면에서는 믿음이 확실히 생기지 않았나
　　　　　하는 생각을 해요.

• 질　문 : 악의 세력에 대해서는 한국에 오셔도 느낀 적이 있나요?

• 이현우 : 근데 일단 그렇게 생각을 하고 나니까 악의 세력은 늘 있었
　　　　　어요. 일상의 도처에 도사리고 있더군요. 그래서 예전엔 느
　　　　　끼지 못했는데 선과 악을 구분하는 어떤 기준자체가 좀 생긴
　　　　　거 같아요. 그래서 그걸 대처하는 방법도 조금은 알게 되었
　　　　　고, 그리고 실체를 사실 알게 되면 두려움 같은 것도 없어지
　　　　　게 되잖아요. 그리고 음… 그림자가 길수록 햇빛이 더 강하
　　　　　듯이, 그리고 어두움 뒤에는 더 큰 빛이 있듯이… 그런 것에
　　　　　대해서 좀 논리적으로 설명이 되는 나름대로의 결론도 내렸
　　　　　어요.

• 질　문 : 이인웅 선교사님 만났을 때 밀알 미술관에 대해서 전반적인
　　　　　느낌은 어떠셨나요?

• 이현우 : 그분의 삶에 대해서 제가 극히 빙산의 일각을 목격했지만 그
　　　　　것만으로도 너무 충격적인 스토리였기 때문에 그러한 충격
　　　　　적인 고통스러운 개인의 시간들을 어떻게 이분이 인내할 수
　　　　　있었을까! 물론 어떤 종교적인 힘이 중심이 되었겠지만 진짜
　　　　　고통스럽고 힘들 때는 1초가 10년같이 느껴질 때가 있잖아
　　　　　요. 그런데 그 그림을 보면서 이건 동양화처럼 도화지 위에
　　　　　삭 한 번 그려야 하는 순간의 여백의 미가 아니고 진짜 한 땀
　　　　　한 땀 아주 작은 구멍을 채워서 해야 되는 정말 미세한 그런
　　　　　세밀한 작업이기 때문에 그림을 그리면서도 인내하기 위한
　　　　　많은 모습이 있었던 것이 좀 보였던 것 같아요. 설경이 될지
　　　　　모르겠는데… (웃음)

• 질　문 : 그리고 딸에 대해 들으셨을 때 "하나님께서 이렇기 하신다"
　　　　　라는 말을 들었을 때 그 부분은 해결이 되셨는지요?

• 이현우 : 제가 완전히 이해한다고 하면 거짓말이겠지만 지금은 어느
　　　　　정도 이해는 되요. 물론 그 한 사람의 죽음 자체가 훗날 시간
　　　　　이 지나고 나면 추억거리야 라고 말할 수 있는 건 아니지만
　　　　　종교적인 측면에서 본다면 그것이 꼭 어떤 불행한 것만은 아
　　　　　닐 수도 있겠다는 결론을 얻었어요. 그래서 저도 사실은 어떤
　　　　　개인적인 큰 아픔을 통해서 교회라는 공간을 접하게 됐듯이

그래서 그 시간이 흐른 다음에 보면 그때는 저한테 되돌릴 수 없는 큰 아픔이었지만 그것으로 인해서 제가 교회에 나가게 되었잖아요. 그 일이 아니었으면 절대로 저는 평생 교회를 안 다녔을 거예요. 늘 저는 시사 프로그램 같은 것을 보면서 "아, 참 교회는 괜찮은 사업이구나" 하는 사키즘 섞인 발언들을 서슴지 않던 사람인데 굉장히 시니컬하고 그래서 그런 것을 보면 같은 맥락에서 같은 일들이 그 선교사님의 삶 자체가 견뎌낼 수 있는 힘이 되지 않나 조금은 이해가 가요.

• 질　문 : 섭리에 대해서 질문하신 내용이 있는데, 지금은 섭리라는 것에 대해서 공감을 하시는지요?

• 이현우: 아직도 잘 몰라요. 그게 뭐 사실 수십 년 전 일이 아니고 몇 달 전이고 그 사이에 제가 섭리에 대해서 깨닫고 그랬다면 거짓일 테고, 그렇지만, 음⋯ 제가 욕심 낸 만큼 많은 것을 알게 되진 않았지만 조금은 좋은 쪽으로 다가가게 된 것 같은 느낌은 있어요. 그런데 섭리에 대해서는 잘 모르겠어요.

• 질　문 : 이 영화가 시작되어 아시겠지만 처음에 의도했던 그림이 변하고 있거든요. 제작진도 감당할 수 없을 만큼 많이 변해왔는데, 영화에 대한 느낌이라고 할까, 일련에 대한 느낌이 있다면요?

• 이현우 : 저는 특이하고 재밌는 작업이었던 것 같아요. 이게 작업 중간

에 굉장히 여러 가지 일도 있었고 저는 사실 그 선교의 현장
을 목격하고 다닌 그 여행보다는 이 작업이 진행되는 도중에
많은 국내의 작업과 관련된 분들과의 어떤 인터 액션 속에서
얻게 된 것도 많이 있는 것 같아요. 그래서 제가 뭐 일부분 이
영화에 출연하고 어떤 콘텐츠가 되는 것을 떠나서 그냥 참여
하면서 얻게 된 것이 있게 되었다는 생각이 들어요.

❖ 권오중 인터뷰

- 질　문 : 자기소개를 부탁드려요.
- 권오중 : 안녕하세요. 저는 배우 권오중입니다. 교회 다닌 지는 14년
　　　　　됐고요. 집사입니다. 아들이 하나 있어요. 전에는 불교였는
　　　　　데, 결혼하면서 집사람이 전도를 함으로서 제가 교회를 다니
　　　　　게 되었습니다.

- 질　문 : 영화에 대한 얘기를 처음 듣고 어떻게 참여하게 되었는지요?
- 권오중 : 식사 중에 목사님께서 들은 얘기가 있는데 영국에 어느 선교
　　　　　단체에 그 선교사님들이 순교함으로서 남겨진 가방들이 있
　　　　　다고 하시더군요. 그런데 처음 들었을 때 그 가방이 정말 보
　　　　　고 싶었어요. 순교하신 분들의 남겨진 가방들이 고연 어떤
　　　　　모습이고 어떤 사연이 있을까! 굉장히 궁금했었습니다. 그
　　　　　가방이 보고 싶었고, 이건 내가 해야 될 일 같다는 성각이 들

더군요. 그때는 영화개봉이 아니고, 말 그대로 DVD를 제작해서 교회에 배포하는 정도의 그런 얘기였거든요. 다른 사람은 안할 것 같고 이건 내가 해야 되겠다 해서 했는데 더 좋았던 것은 안 가본 영국에 간다는 것이 (하하하) 나름대로 더 좋았습니다. 마치 낯선 곳에 보물을 찾으러 가는 느낌이 들어 개인적으로 더 좋았죠.

• 질 문 : 그 가방에 대한 얘기를 듣고 가보기 전에 가방 안에 뭐가 들었을지에 대한 생각이나 이미지가 있었다면?

• 권오중 : 남겨진 가방이라고 했으니깐요, 분명히 선교지에 갔을 때도 가방을 가져갔을 건데, 남겨진 가방에는 뭐가 있을까 굉장히 궁금했습니다. 필요한 것만 가져갔을 테고 그렇지 않은 것들은 과연 무얼까 궁금했었죠. 근데 영화를 보시면 나오겠지만 대개 뜻밖의 것들이 나왔었어요. 제가 생각한 것과는 다르게 그 분들이 굳이 거기 안가도 될 만한 것들을 증명할 수 있는 것들이 가방에 있었죠. 정말로 필요 없는 옷이라든가 안 가져가도 될 만한 것들이 있을 줄 알았는데, 정말로 그 가방을 열어본 후에는 그분이 정말 편하게 너무 풍요롭게 살 수 있는 것들이 남아 있더군요. 그래서 굉장히 가슴이 아팠죠.

• 질 　문 : 여행파트너로 이현우씨를 선택한 특별한 이유가 있었나요?

• 권오중 : 아, 이윤 크게 없었어요(하하하). 사실 다른 후배한테 먼저 얘길 했었어요. 그 후배도 초신자였고, 제가 10몇 년 만에 처음으로(허허) 교회로 전도한 후배였는데, 그 친구는 교회를 얼마 안 다니고 나서 다른 크리스천들의 모습을 보고 실망을 해 교회 안다니게 됐죠. 그 친구한테 얘기했어요. 이런 이런 일이 있는데, 같이 갔으면 좋겠다. 그 친구는 여러 고민을 한 끝에 그 자리는 제가 가야 할 자리가 아닌 것 같다고 했어요. 그런 와중에 우리 이현우 선배님하고 집 앞에서 얘기를 나누게 되었지요. 안 될 거라 생각했었어요. 그 분은 곧 아기도 태어날 것이고, 지금 라디오 방송을 하고 계시고(하하) 굉장

히 바쁜 일정인 줄 알지만 얘길 꺼냈죠. 근데 뜻밖에도 굉장
히 관심이 있어 하셨어요. 또 형님의 와이프 되시는 분에 집
안이 크리스천이었지요. 형은 제가 봤을 때는 크게 원하지
않았는데(하하하) 가족들이 밀지 않았을까 생각해요. 그래서
같이 가게 된 거죠.

• 질　문 : 이현우씨와 동행하면서 예상하던 부분이나 기대하던 부분이
있었는지요?

• 권오중 : 일단 영어를 잘하시니깐(하하하하) 저 개인적으로 통역자 역
할을 해주실 거라 믿었어요. 그리고 대신 이런 하나님이 주
신 일을 하면 꼭 복을 받는다는 걸 제가 알고 있었어요. 굉장
히 어려운 곳에 가는 거였지만(하하) 분명히 형님에게도 복
을 줄 것이라 생각했어요. 그래서 갔습니다. 그런데 간 상황
에서 굉장히 열악한(하하) 상황이 생겼고, 너무 안 좋은 일들
이 많이 생겼죠. 굉장히 미안했습니다. 개인적으로 계속 내
가 꾀어서 간 거였는데(하하) 이런 안 좋은 상황들이 계속 생
기니깐 얼마나 마음에 부담이 됐겠어요. 근데 지금에야 전
얘기 하지만 형님이 이 다큐멘터리를 찍고 나서 정말 복을
받았어요. 드라마를 하게 됐습니다(하하하). 정말 그거는 형
님이 할 수 있는 자리가 아니었어요. 그 드라마의 위치는 형
님도 말씀하시기를 많은 배우 분들이 드라마를 하기 위해서
기다리고 있었거든요. 근데 본업이 가수인 분이 이 어려운

상황에서 그 좋은 자리의 역할을 맡는다는 것은 될도 안 되는 상황이지요. 전 지금 떳떳하게 얘기할 수 있습니다(하하). 형 봐라, 복 받았지 (하하하).

- 질 문 : 이현우씨는 복을 받았는데, 권오중씨가 영화에 참여함으로서 기대하는 부분이나 이 영화의 스토리를 듣고 기대하는 부분은 무엇인가요?
- 권오중 : 저도 분명히 복을 받을 거라고 생각을 했어요. 사실 제가 복을 받은 것보다는 제가 결혼하고 얼마 안 있다가 아이를 통해서 얻은 하나님과의 약속이 있었거든요. 희귀난치병 분들이나 아니면 장애 분들을 위해서 평생봉사를 하겠다고 약속을 한 부분이 있었는데 이 다큐멘터리를 찍기 바로 얼마 전부터 하나님과의 약속이지만 사람들로 인해서 제가 상처를 받고 '아, 이걸 계속해야 되는 것인가' 회의를 느낄 때였어요. 그 와중에 이 다큐멘터리를 했는데 어떻게 보면 복이죠. 제가 생각했던 저와 하나님과의 약속을 깨우치게 된 계기가 됐어요. 내가 약속한 거였고 어떻게 보면 소명인데, 알면서도 멀리했던 나의 소명을 하나님께서는 다시 한 번 나한테 설명해주신 게 아닌가라는 생각이 들었습니다. 그리고 복 받은 게 있다면 선교사님들을 만나러 갈 때 저는 아이랑 집사람을 데리고 갔습니다. 정말 만나기 힘든 분들이잖아요. 그래서 기도를 받는다는 것(하하하), 돈 주고도 할 수 없는 것

들이거든요. 그분들한테 기도를 받는다는 것 그 자체가 개인적으로 큰 복을 받지 않았나 생각하고 있습니다. 그리고 DVD로만 나갔으면 우리 교회 다니시는 크리스천들만 봤을 텐데 크게 되서 극장 개봉하는 것은 하나님께서 하신 일이라 생각해요. 많은 분들에게 볼 수 있는 기회를 주시는 것 같고, 점점 더 크게 만드시는 게 아닌가, 저희한테도 시련을 주시고 이겨낼 수 있는 힘도 주시고, 아 역시, 하나님은 약속을 이루어 주시며 함께 해주십니다.

- 질　문 : 지식채널 e의 이인웅 선교사님 영상을 보고나서의 느낌은 어떠했나요?
- 권오중 : 어… 음… 굉장히 궁금했어요. 하나님이 너무너무 기뻐하시는 일을 하고 있는데 그런 고통을 왜 주셨을까? 그리고 그런 고통을 받고 나서도 어떻게 그 일을 계속 할 수 있었을까? 하는 의문이 있었거든요. 근데 그분을 만나 뵙고 얘기를 듣고 안 일이지만 아이를 잃은 그 자체가 어떻게 보면 각 지역에 퍼져 있던 선교사님들이 다시 모이게끔 만들어주는 계기가 됐고, 더 나아갈 수 있는 힘을 주셨다는 얘기를 들었습니다. 과연 '나라면 그럴 수 있을까' 란 생각은 지금도 들어요. 하지만 하나님은 기뻐하시겠죠. e 채널을 처음 봤을 때 그 두 부부가 나와서 하는 모습들이 사실 꼭 와 닿는 건 아니었어요. 굉장히 가슴 아픈 건 있었지만, 크레파스로 저런 그림

을 그릴 수 있을까 라는 게 더 놀랍긴 했어요. 그 와중에 그
분들의 상처가 있다는 것은 나중에 알게 됐죠.

- 질　문 : 권오중씨도 아버지인데 만약에 그런 딸이 있고 그런 일이 있
　　　　다고 생각해 본다면 어떠시겠어요?
- 권오중 : 전 정말 죽고 싶을 거예요. 왜냐면 제 자식은 아무 상관없이
　　　　저를 따라간 거잖아요. 저의 소명때문에 간 거였지 딸의 소
　　　　명은 아니잖아요. 그런데 그 아이가 커서 죽음을 당했다는
　　　　것을 내가 경험하는 경우에는 저는 정말 죽고 싶지 않을까란
　　　　생각이 듭니다. 그리고 굉장히 많이 후회를 할 것 같고 지금
　　　　계속하는 일에 대해서 너무 많은 회의를 느낄 것 같고… 아,
　　　　아마 그만두지 않을까 선교사 일을. 솔직히 말씀드리면 아직
　　　　믿음이 부족해서…

- 질　문 : 저희가 전도를 해서 새 신자를 데리고 교회를 갈 떠 새 신자
　　　　가 어떨까 그런 생각하잖아요. 그런 느낌이었나요?
- 권오중 : 아, 그럼요. 그 느낌이지요. 제가 한 명 지금까지 전도했다고
　　　　했잖아요. 부끄러운 일이죠. 교회 14년 다니면서 한 명 전도
　　　　했는데 그나마 그분도 얼마 안 있다가 나오지 않았지요. 바
　　　　로 그 느낌이지요. 처음 전도해 왔을 때 이분이 뭔가 오해하
　　　　면 어떻게 하지, 불편해 하면 어떻게 하지, 그리고 꼭 크리스
　　　　천들이 다 좋은 분들만 있는 게 아닌데 오해하면 어떻게 하

지, 이런 느낌이었거든요. 현우형도 초신자잖아요. 그리고
제 말만 듣고 가는 건데 그 과정에서 많은 불편함을 느끼고
가면 어쩌지 하는 불안감은 계속 있었죠.

• 질　문 : 가서서 특이한 숙소를 보셨는데 숙소의 첫 느낌은 어떠했는
지요?

• 권오중 : 저는 이쪽(오른쪽)에 앉아 있었고, 형님은 이쪽(왼쪽)에 앉아
있었어요. 이쪽엔 굉장히 멋진 호텔이 있었어요. 야, 정말 좋
다. 근데 내려서 안내해주시는 분이 반대편을 가리키더라고
요. 그건 사람 사는 집이 아니고 공사장이었죠. 지하층만 놔
두고 다 공사장이었어요. 다 철조망을 쳐 놓고 저는 정말 저
기는 아니구나, 왜냐면 공사 중이니깐… 근데 지하만 저희
숙소였던 거예요. 저는 형님한테 너무 죄송한 거예요(하하하
하). 이렇게 데려갔는데 호텔까지 그러니. 그리고 내려가는
데 비가 왔습니다. 영국의 날씨가 굉장히 음산하잖아요. 굉
장히 음산했습니다. 또 형님 방 자체는 맨 구석방이었는데
너무 음산했어요(하하하하). 사실 저는 마음이 무거운 상태
로 영국에 있었죠.

• 질　문 : 그럼에도 불구하고 가방을 보겠다는 일념 하에 불스트로드
(Bulstrode)에 갔는데 거절당했잖아요. 그때는 느낌이 어땠
나요?

• 권오중 : (하하하)정말 괴로웠습니다. 그때 갈 때까지는 좋았어요. 왜
         냐면 가는 과정 그 길도 무척 예쁘고 많은 얘기도 했었고 건
         물자체도 너무 아름다운 건물이었거든요. 그런데 건물 안에
         갔는데 못 들어간다는 그것, (하하)정말로 가방을 보러왔고
         가방에 대한 사연을 보러왔는데 그게 없어진 거잖아요. 아,
         전 정말 당황스러웠죠. 전 또 형님까지 데리고 왔는데 그곳
         에 가면 가방이 있다고, 그 가방을 보면 은혜스러울 거라고,
         뭔가 느끼는 게 있을 거라고, 그렇게 해서 왔는데…

• 질   문 : 가방에 대한 기대라든지 가방을 못 열긴 했지만 그때의 느낌
         으로 이걸 보면 뭔가 내가 인생을 얻을 것 같다는 것이 있었
         나요?

• 권오중 : 그분들에게는 소중한 애장품이고 유물이잖아요. 저한테는
         위대하신 분의 유물자체를 보고 만지는 것 자체는 굉장히 큰
         의미가 있다고 생각했어요. 그 안에 뭐가 나올지언정 그걸
         보고 만지는 것만으로도 위대하신 분의 유물을 가까이 했다
         는 것만으로도 굉장히 영광으로 생각했었죠. 근데 중요한건
         못 봤다는 것, 못 보게 됐다는 게 너무 안타까웠어요.

• 질   문 : 필립의 콩고장면을 보셨는데 아프리카의 장면을 보시고 어
         떠했는지요?

• 권오중 : 그분들이 그렇게 나이 들어서 거기에 계신다는 자체가 놀라

웠어요. 이미 본토에 있을 경우에는 은퇴해서 평안한 삶을 사실 나이이신데도 불구하고 거기서 직접 수술을 하시고 하루에 2번씩 8천여 차례의 수술을 하셨다는 자체가 '아, 그분이 진정 예수님이 아니신가' 하는 생각이 들었어요. 또 그 영상을 통해서 고난당하는 것도 봤잖아요. 그럼에도 불구하고 계속 남아서 그 일을 즐겁게 하시는 자체가 부러웠어요. 개인적으로 '나도 뭔가 즐겁게 평생 일할 수 있으면 얼마나 좋을까, 과연 나는 무엇으로 평생 즐거울 수 있을까' 라는 생각도 하게 됐어요. 그분들 삶 자체는 너무너무 행복하시니깐 너무 부러웠어요. '나도 저렇게 늙어서 행복을 누리며 살 수 있으면 좋겠다' 고 생각을 했습니다.

• 질　문 : 헬렌을 인간적으로 만나고 나서 영상을 통해서 헬렌이 어떤 일을 했고, 어떤 일을 당했는지 알았는데 그 이후 2번째 헬렌을 만났을 때 인상이라든지 바뀐 게 있을까요?

• 권오중 : 그렇죠. 많은 얘기를 하셨어요. 고난당한 것을 얘기하셨지만 고난당했다는 얼굴은 아니었던 것 같아요. 고난을 많이 당하셨지만, 그분이 갖고 있는 얼굴은 처음 봤을 때나 두 번째 봤을 때나 굉장히 평온하셨고, 옷이 처음 봤을 때나 몇 개월 후에 받을 때나 똑같았어요. 그리고 그분의 집이 아니었어요. 친구 집이었죠. 친구 집에 사시면서 옷 두어 벌도 없는 상태에서 여자로서 겪지 못하는 고난들을 다 겪으시고 거기 남아

서 그분들을 위해 일하셨다는 것 자체는 굉장히 저를 부끄럽게 했죠. 부끄럽습니다.

• 질　문 : 이건 별도의 질문인데 헬렌은 성격이 씩씩하시고 사역도 건축을 많이 하신 활달하신 분이신데 만나면서 특징 같은 게 있었다면요?

• 권오중 : 그분의 사역을 사실 단편적인 부분만 들어서도 알지만 남자도 하기 힘든 사역을 많이 하셨어요. 그래서 여전사일 것이라는 느낌을 갖고 뵈었는데, 전혀 달랐어요. 지금은 물론 나이가 들어서 그럴 수도 있겠지만 정말 여자다운 분이셨고, 되게 푸근하고 평온하셨어요. 오히려 그 친구 분이 더 남자분 같다는 느낌을 받았던 것 같아요(하하). 그 힘든 사역이었지만 그분 자체는 여성스럽다 하는 생각이 들었어요.

• 질　문 : 순교자적인 삶에 대해서는 기독교인으로서 어떻게 생각하시는지요?

• 권오중 : 솔직히 말씀드리면 14년 차 교회를 다니고 있지만 테러집단을 통해서 인질이 되어 저한테 목에 칼을 대고 예수님을 부정하면 살려주겠다고 한다면 난 어떻게 할까에 대해서 여러 번 생각해봤어요. 정말로, 지금도 마찬가지고, 아, 전 부정했을 것 같습니다. 그래서 와이프랑 아이를 만나러 서울로 갔겠죠. 그리곤 이 필름이 세상에 공개 안 되길 원하겠죠. 나의

부정한 모습이 공개 안 되길 바랄 뿐이죠. 예를 들어 목에 칼을 대고 예수님을 부정하면 살려주겠다고 할 경우에 "예수님을 인정합니다."라고 하실 분이 얼마나 있겠어요. 아, 저는 지금도 못하겠어요. 잠시 살짝만 부정하고 예수님의 일을 다시 하면… 하, 그런 생각도 많이 해요. 정말(하하하) 스스로 질문해요. 살아남아서 예수님이 좋아하실 일을 많이 하면 예수님이 좋아하시지 않을까 하는 생각을 많이 해요. 지금도 궁금합니다.

❖ 헬렌 로즈비어 인터뷰

- 질 문 : 〈잊혀진가방〉을 저는 〈사명, 그리스도인의 삶의 목적〉이라고 정의 했습니다. 목사, 선교사, 일반 교우들 모두 크리스천이라고 불립니다. 그리고 대다수가 처음 예수님을 믿고 세례를 받거나 신앙생활을 시작할 때 "나는 새롭게 살 것이다."라는 결심을 하게 됩니다. 하지만 살다보면 이런 저런 일로 자신의 삶의 목적과 사명을 잊어버리고 살아갑니다. 때로는 회복하기 위하여 노력하지만 쉽지 않습니다. 그리스도인의 삶의 목적과 사명을 잃어버린 채 살아가고 있다면 회복하기 위한 방법이 무엇일까요?
- 헬 렌 : 잃어버린 사명을 회복하는 방법에는 주님께로 돌아가는 방법 밖에 없다고 생각합니다. 그것은 말씀과 기도입니다. 말

씀과 기도로 주님께 나아가다 보면, 어느덧 당신의 사명은
회복되어 있을 것입니다.

• 질　문 : 하지만 너무 힘들고 마음이 무너져 있을 때, 그때는 말씀을
묵상하고 기도를 할 힘조차 남아 있지 않을 수 있습니다. 그
때는 사명을 어떻게 회복할 수 있습니까?

• 헬　렌 : 그러할 땐, 이것을 기억하시기 바랍니다. 주님께서 당신 안
에 살아계시고, 그러하신 주님께서 당신을 사랑하신다는 것
입니다. 만약 주 예수님께서 당신 안에 살아계시고 그 분이
당신 속에 살아계신다면 당신은 결코 잊을 수 없습니다. 주
님이 우리 속에 계신다는 것을 말입니다. 당신이 직장에서
지치고 하는 일이 힘들어 탈진될 수 있지만 예수님을 향한
사랑은 결코 소진될 수 없습니다. 항상 기억하시기 바랍니
다. 주께서 우리를 어디에 보내시더라도 우리가 예수님을 위
해 살고 있다는 것입니다. 그리고 저는 당신이 어떤 것도 해
야 할 필요는 없다고 생각합니다. 살다보면 하나님께서 모든
것을 인지하고 계신다는 것을 알게 됩니다. 어떤 분이 저에
게 "예수님은 지금 천국에서 당신을 위해서 기도하고 있습니
다. 그래서 당신이 지금 아무 것도 하지 않는다고 할지라도,
너무 피곤하여 힘들고 두려움 가운데 있다 할지라도, 그냥
주님이 행하실 모든 일에 아멘! 이라고 말씀하시면 됩니다."
라고 했는데 그것이 저를 도와주었습니다.

저는 콩고에서 총부리 앞에 서 있던 적이 있었습니다. 그때 제 마음으로 예수님께서 지금 나를 위하여 기도하실 것이라는 믿음이 있었습니다. 그리고 그 기도가 어떤 기도인지 알지 못하지만 나를 위하여 하시는 기도이므로 나는 무조건 "아멘, 주의 뜻대로 하옵소서!" 라고 하였습니다. 결과는 총에 맞지 않고 살 수 있었습니다. 하지만 저는 그 당시 반드시 죽을 것이라고 생각했습니다. 이러한 경험이 이후에 어떤 끔찍한 일이 있을지라도 저에게 위안을 주었습니다. 말라리아에 걸려서 열이 너무 날 때도, 아무 생각이 나지 않는 극심한 고통 중에서도 '아, 주님은 아시지 그분은 내 속에 계셔서 똑같이 아파하고 계시지…, 다 이길 수 있도록 해주실 거야…' 라고 생각했습니다.

반란군의 포로로 잡힌 적도 있었습니다. 고통스러운 어느 날 밤. 악하고 못된 사람들에게 혼자 잡혀 있을 때, 하나님께서 말씀하셨습니다. "이런 상황에서도 나에게 감사할 수 있겠느냐?" 저는 대답했습니다. "저는 감사할 수 없습니다. 하나님!" 다시 말씀하셨습니다. "내가 너를 믿는 것에 대해서 나에게 감사할 수 있겠느냐?", "저는 제가 하나님을 믿는다고는 생각했지만 그로인하여 극심한 고통을 경험할 것이라는 것은 생각하지 않았습니다." 라고 대답했습니다. 하지만 하나님이 저를 믿고 계신다는 것. 마치 하나님께서 부모들에게 자녀들을 돌볼 것을 믿고 맡기신 것처럼 저에게 맡기신 일들이 있음을 알고 있었습니다. 또한 하나님은 저를 그 상황으로부터 건져주실 수 있었고, 피하게 하실 수 있었지만, 이유를 묻지 않고 내가 너를 믿어 이 경험을 허락한 것에 대하여 감사 할 수 있는가라는 질문을 하신 것이었습니다. 저는 그날 밤 대답하기를, "아! 하나님 제가 하나님이 무엇이라고 말씀 하시든지 다 이해가 되지도 않고 이것이 어떻게 도움이 되는지 알지 못하지만, 하나님의 퍼즐 한부분에 제가 있는 것이라면 하나님 감사합니다." 라고 대답했습니다 제가 그 말을 하자마자, 하나님의 놀라운 평안이 저의 마음을 지배했습니다. 어떠한 어려움, 끔찍한 환경 속에서도 하나님께 "이 상황에서 저를 믿어주시는 하나님께 감사드립니다. 이유를 말씀해주시지 않더라도 감사합니다." 라고 고백할 때 회복될 수 있습니다.

- 질　문 : 나에게 〈사명〉이 있고, 특별히 선교사로서의 〈사명〉이라면 어떻게 해야 할까요?
- 헬　렌 : 하나님께서 나를 위하여 계획하신 것이 있다면 그것이 무엇이든지 따를 수 있어야 합니다. 조금도 망설여서는 안 됩니다. 예외를 두거나 단서를 달아서도 안 됩니다. 내가 하나님의 뜻 가운데 있다는 확신이 든다면 무조건적으로 순종해야 한다고 생각합니다.

  저 역시 삶에서 하나님께서 선교사로 부르신 것을 확신할 수 있었습니다. 다른 땅에 있는 사람들을 섬기기 위해 의료 선교사로서 훈련을 받아야겠다는 마음을 가질 수 있었고 그 마음을 하나님께서 주셨다는 것에 의심하지 않았습니다. 무엇을 하더라도 모두가 나에게 주신 사명으로 연관되었습니다. 또한 성경의 어느 부분을 펼치더라도 부르심을 확인시켜 주시는 말씀들로 가득 차 보였습니다. 그래서 선교사가 되었고 사명을 감당하면서 살고 있습니다.

그러므로 순종해야 한다고 생각합니다.

• 질   문 : 한국인의 정서로는 〈순교〉 라는 단어가 매우 감정적으로 영향을 줍니다. 한국 기독교 사에도 순교자들이 있었고 최근에도 아프가니스탄과 터키에서 순교자가 있었습니다. 당신의 친구들은 1964년 콩고에서 반군들에 의하여 목숨을 잃었습니다. 당신의 마음은 어떠했는지 궁금합니다.

• 헬   렌 : 하나님께서는 빌 맥체즈니와 짐 로저, 시릴 테일러, 뮤리엘 하먼 등을 천국으로 데려 가셨습니다. 이 땅에서 그들의 임무는 그것으로 끝이 났습니다. 때로는 저는 그 사실이 부러웠습니다. 그들은 너무 좋은 곳으로 갔고 저는 여전히 남아서 일을 했기 때문입니다.

다시 말하지만 그것으로 그들의 사명은 끝이 났습니다. 그러나 이 땅에 남아있는 우리의 임무는 아직 끝나지 않았습니다. 그래서 우리가 조금 늦게 가는 것입니다. 저는 순교에 대하여 다른 의미를 두지 않습니다. 우리가 하는 모든 기도는 반드시 응답을 받습니다. 그러나 방식은 모두 다릅니다. 하나님께서는 어떤 사람들은 구출되어 더 사역을 하도록 했고, 어떤 사람들은 구출되어 천국으로 들어가게 하셨습니다. 그래서 때로는 그들이 부럽습니다.

〈 인터뷰를 마치며 〉

헬렌 로즈비어의 이 대답은 우리 스텝들에게 많은 생각을 하게 했다. 그가 경험한 고통을 알기 때문이다. 1964년 반군들은 백인들에게 무자비한 폭력을 휘둘렀다. 현재 네보봉고에서 선교사로 있는 독일인 선교사 맛디아는 이렇게 말한 적이 있다. "그들은 큰 칼을 가지고 백인들을 도륙했습니다. 미국인 의사 선교사에게 쫓아가 몸을 여러 부분 조각내기도 했습니다. 그리고 그 당시 선교사들은 이곳에서 90Km떨어진 왐바에 있는 수녀원으로 옮겨졌는데 모두가 사형이 예정되어 있었고 그곳에서 헬렌의 동료 선교사들이 희생을 당했습니다. 헬렌 로즈비어 선교사는 그것을 잊고 싶어 했습니다."

헬렌 로즈비어가 인터뷰를 통해서 보여준 〈순교〉에 대한 견해는 극심한 고통이 있었음에도 불구하고 사명이라는 목적과 아버지의 나라가 우리의 영원한 본향이라는 사실에 흔들리지 않는 믿음을 확인하게 하였다. 그리고 인터뷰에 참여한 우리 스텝들 모두에게 그리스도인들이 꼭 가지고 있어야 할 순교관이라 생각하게 하였다.